雄霸棒壇

美和棒球五十年

美和棒球隊校友會 著

美和中學校門口，一九八六年立起「雄霸棒壇」紀念柱，與創辦人徐傍興立於校園內的銅像呼應，守護著校園、紀念曾享有的榮光。

美和棒球隊一九七〇年成立，青少棒、青棒巔峰時期，青少棒十七次、青棒十四度拿下全國選拔賽冠軍，代表中華隊出國比賽、為國爭光、雄霸棒壇。

近年棒球隊成績儘管不如過往風光，但五十年間，美和孕育眾多球員、教練，至今依然在台灣棒壇發光、在基層傳承，培育下一代棒球人。

美和校友在台灣棒壇扮演舉足輕重的角色，走過五十年風華，展望未來五十年，美和新勢力能繼續發揮影響力。

目錄

第四章　四十年危機與轉機（二〇〇〇～二〇一〇）　131

序章

撒下「希望」種子——「大將」徐傍興

創辦人徐傍興博士。（美和中學提供，下同）

徐傍興伉儷。

美和中學校園舊景。

徐傍興為家鄉學子辦學。

徐富興。

徐傍興與廖丙熔。

徐傍興與李梅玉。

美和棒球隊讓台灣名揚四海。

1974 年棒球隊合照。第二排左 3 起依序為李瑞昌、徐傍興、廖丙熔。

美和 1972 年第一次 LLB 青少棒奪冠，與蔣宋美齡合照。

1976 年青少棒隊與當時行政院長蔣經國合照。

「要幫助別人得到希望」是徐傍興的人生座右銘，他是救濟窮困病患不求回報的「徐醫師」，是為家鄉學子創立美和中學與美和護專的「徐博士」，是守護美和中學棒球隊的「徐保母」，在曾共事的屬下心中，威嚴而不失真純自然；在兒女眼中，他是既平凡又超凡的父親。

徐傍興是屏東六堆客家代表性人物，一九〇九年生於屏東縣內埔鄉美和村，一九三四年從台北醫專（台大醫學院前身）畢業、一九四四年獲台北帝國大學博士學位後，開始以醫師身分為人所知，為甲狀腺腫瘤外科手術權威，被譽為外科界第一把刀。

徐傍興一九四五年成為台灣光復後台大醫院第一外科首任主任，一九五一年自行開業、台北徐外科成立、一九五四年高雄徐外科開業。

「醫師」是老天給徐傍興的天賦和職業，但豐富人生的卻是他一直秉持的人生志業：「幫助別人得到希望」。

徐傍興中學就讀高雄州立高雄中學（今高雄中學），在交通不便的年代，深知屏東學子通勤求學的苦，屏東地理位置偏遠，公共建設匱乏，加上學生跨區到高雄就讀，人口外流嚴重，當時地方人士找上徐傍興商量，創辦一所有宿舍的學校、精選師資培育人才成了使命，一九六一年美和中學成立。

徐傍興二女兒房徐蕙英直言，「投身教育一直是父親想做的事」。

七虎少棒當楔子
一頭栽入棒球世界

房徐蕙英回憶，父親喜好運動、年輕時打過網球，當時為日治時期，棒球運動對台灣人來說並不陌生，一九六八年，紅葉少棒隊打贏日本和歌山少棒明星隊，讓台灣陷入棒球熱，也是房徐蕙英和父親間共同的棒球記憶。

美和第一任校長李梅玉，就讀日本早稻田大學時期曾任棒球隊捕手，強烈感受到日本棒球風氣盛行，對於「早慶戰」（日本早稻田、慶應兩大棒球勁旅抗衡）印象深刻，可以說是後來台灣「南美和、北華興」（兩大青棒勁旅抗衡）的模板。

一九七〇年七虎少棒隊在世界少棒賽中鎩羽而歸，沒能進到只收世界冠軍的華興中學棒球隊，當時美和中學董事徐富興任高雄市國際中央獅子會會長，有意收容七虎少棒隊球員，召開高雄獅子會理監事會議，認為此批球員若受良好訓練，將是可造之材。

七虎少棒成了楔子，喜愛棒球的徐傍興、徐富興、廖丙熔、李瑞昌、李梅玉等五人討論後，決定成立棒球隊，讓七虎成員在美和安心就讀、繼續打棒球。

早期支持棒球隊運作的關鍵人物，多有親戚關係，徐富興是徐傍興的堂弟、廖丙熔的岳母是徐傍興的姊姊，所以廖丙熔須叫徐傍興舅舅，李瑞昌的太太是徐傍興的堂姪女，李瑞昌要喊徐傍興叔叔。

徐富興、李瑞昌、廖丙熔三人都是醫師，李瑞昌留日回國後，在屏東竹田開業，徐富興、廖丙熔，任高雄徐外科院長與副院長職務。因為對棒球的熱愛，讓他們更緊密連結在一起。

七虎少棒在屏東六堆撒下了棒球種子，房徐蕙英直言，「棒球隊從無到有，全憑著一股熱情，幾乎僅靠著一個主要出資者（父親）的力量，真的很辛苦」。

奉獻棒球全憑一股「傻勁」
理想需金援當柴薪

一九七五年美和棒球隊四度代表中華隊稱霸世界，當時中華民國棒球協會理事長謝國城用「傻瓜」稱呼領隊廖丙熔，「他是傻瓜，但體育運動包括棒球在內，缺少了傻瓜，又怎麼能往前推展呢？」

在美和的棒球史中，可以找到輝煌的戰績、到現在都還影響著台灣棒球圈的著名球星，但無法在棒球史中呈現的，是愛棒球、願意奉獻的那股「傻勁」，這才是支持著美和一路走過五十年的關鍵。

棒球是燒錢的運動，球具、球衣、耗材、伙食、訓練和比賽經費，過程中若沒有經費的支援，現實會讓夢想的火苗熄滅。

美和前校長林永盛回憶（任期一九八二至一九九八年），沒有徐家、美和棒球隊不可能走到現在，「徐傍興是一名醫師，但願意投身教育、棒球，做一般人做不到的事，這樣的奉獻精神，是大家的模範」。

當時球員到台北參加選拔賽，外出交通、住宿等經費須由球隊自行負擔，為了方便就近照顧球員，徐傍興買下位在球場（昔日台北市立棒球場）附近的公寓讓球員們有落腳處。比賽期間，徐家總是全家動員準備豐富的伙食，徐傍興十分重視球員營養是否足夠，也會親自盯著球員把飯吃完才會離開。

徐傍興一九八四年離世後，兒子徐旦隣、徐齊鄰承襲父親的志業，持續支撐著美和中學、美和棒球隊。

李瑞昌的女兒、美和教練李瑞麟的太太李淑梅，曾任學校音樂老師，她提到，父親是留日知識分子，對棒球十分有興趣，從美和開始組棒球隊、父親幫忙帶球隊後，照顧棒球隊也變成了她的日常，前幾屆的球員如楊清瓏等人，都會喊李淑梅「姐姐」，後期的學生則都喚她「師母」。

李淑梅回憶，父親對於球員十分照顧，別人送到家中的人蔘，都要切給球員們比賽時喝，「人蔘很硬，有時候切到手很痛，氣到拿菜刀砍」，晚上還要幫球員做刈包等宵夜，天氣熱時的午後，球員提著她煮好的鳳梨汁、騎著機車搬運，不知是鳳梨汁太重、還是球員體型太龐大，將機車壓到歪歪斜斜的畫面，至今依舊記憶清晰。

在許多球員的回憶中，從辛苦繁瑣的訓練課表中短暫脫逃的機會之一，就是身體不舒服時可以騎著腳踏車到竹田李瑞昌醫師的診所免費看診；李瑞昌跟日本養樂多公司董事長是留日時期的同學，不少初期的美和球員，可能都喝過因為這份交情獲得的免費養樂多。

在李梅玉和廖丙熔身上同樣有對棒球深深著迷的痕跡，李梅玉的兒子李守文回憶，父親對棒球的專注和喜好，除了巡課之外的時間，就是站在球場盯著球隊，常常在學校吃完飯才回家，就連退休後還會回到學校跟球員一起吃飯。

「父親與棒球結緣，一直到他生命的最終，嘴裡念的都還是棒球，留給孫子的很多東西，都是棒球相關的紀念和回憶。」

廖丙熔是台灣當時著名的外科醫師，但他更多時候，是以美和棒球隊領隊被認識，與美和初代教頭曾紀恩是國小同學。

從一九七二至七五年間，美和代表中華青少棒隊三度拿下世界冠軍，領隊都是廖丙熔，他曾打趣自稱是「職業領隊」，一九七六年，廖丙熔改當中華青棒隊領隊，卻也心繫青少棒隊，當年青少棒隊在美國蓋瑞城首戰失利，廖丙熔特地從羅德岱堡打電話「關切」。

每年從四、五月起，地方、全國選拔賽陸續開打，謝國城曾打趣地說，廖丙熔出席球賽領隊會議的時間比醫學會議多，對醫生來說，為了棒球放棄可以執業、賺更多錢的機會，這份執著很難得，對廖丙熔來說，棒球是興趣，也是為家鄉、社會盡一份心力的方式。

廖丙熔投入照料美和棒球隊後，有時上午在高雄徐外科行醫，下午去屏東督導球隊，週末常常和妻子一同到屏東，捐錢、幫球員加菜、檢查身體，雖然醫院、棒球隊事務兩頭燒，但也樂在其中。

棒球令人著迷
徐傍興伉儷真性情相挺

徐傍興以醫術聞名，在大家的印象中，他是濟弱扶貧的善人，幫窮困病人看病不收錢，為家鄉學子求學方便創辦學校，為讓棒球隊球員有球打資助球隊，但棒球令人著迷，也讓人看見個性鮮明的徐傍興，願意為球隊奉獻、也為了比賽的輸贏坐立難安、展現好勝心。

房徐蕙英的記憶中，父親的「棒球經」停不下來，一九七二年美和青少棒隊贏得全國青少棒選拔賽冠軍，當時適逢女婿房金炎，年僅三十九歲成為首位本省人大使、奉派尼加拉瓜，當親朋好友都在向他道喜女婿高升，他卻以為大家向他恭賀美和隊拿下冠軍。

房徐蕙英說：「棒球隊的成立，帶給我們許多的樂趣」，徐傍興比其他人更著迷，盯著球員的飲食營養，沒事就搬著椅子在球場邊樹下看著球員練球，這是許多美和畢業的球員們共同的回憶。

房徐蕙英回應，父親有兩種情況會心情不好，一是遇到病人身體狀況不理想，常常陪著病人到病情穩定後才返家，但回到家中心情仍會低落好一陣子，另一種情況就是看棒球。

美和棒球隊只要有比賽，是全家族的要事，但碰到輸球，母親徐邱壬妹就會趕緊通知子女們提早上床睡覺，免得撞上心情不好的父親。在子女眼中，徐傍興也有個性，他雖有超凡的信念，但從看棒球可以看到他的另外一面。

董事黃國忠回憶，每次跟著徐傍興看比賽，只要遠遠地看見他站起來，就知道一定是球隊該得分時沒得分，或者是戰況緊張的時候，董事長不敢看，就會起身上廁所，「棒球之所以迷人，當中有很多深奧的學問，董事長本性很仁慈，但從他看棒球也可以發現，他很在意勝負」。

房徐蕙英提到，因為知道父親在意，球隊若到台北比賽，兒女們緊張不敢到現場看，但在家中聽著棒球場的歡呼聲，就可以瞭解大致戰況，若是比賽時間拖得長，或者遇到下雨、延長賽，兒女還需動員把附近所有的麵包買回來，給球員當點心。

成就「大將」徐傍興全心投入球隊的背後，需要有強大的後援和支柱，「參謀總長」夫人徐邱壬妹就是背後英雄，讓徐傍興無後顧之憂，遇到美和代表中華隊出國比賽時，徐邱壬妹還會準備美金，每名球員發一百、兩百美金當出國零用錢，一同去買美金也成為房徐蕙英、媳婦謝純貞陪伴球隊一起長大的另類記憶。

「應該很少人可以有父親那樣的胸襟」，房徐蕙英替父親的為人下了註解，在曾經共事的下屬心中，徐傍興除了無私奉獻投入，自然率真的性格也展露無疑。

房徐蕙英提到，父親從學生時期開始，遇到家境不好的同學，就願意將零用錢拿出來幫忙繳學費；房徐蕙英也聽說，父親求學時期看到日本人舍監欺負台籍學生，也曾挺身而出，是「大將」封號的來源。

黃國忠回憶，早期美和校門口曾發生過老婦人車禍，徐傍興二話不說掏出五千元給她，無論是否熟識，只要聽到誰經濟不佳、貧窮可憐，徐傍興口袋有錢，就會馬上掏出來。

徐傍興對於弱勢族群十分照顧，經濟困難的病人，免費替他們看病，房徐蕙英提到，有病人醫藥費一欠卅年，後來找上門還錢，成為一段佳話；在醫院中，醫生、護士安排一同吃飯，在家中，兒女的朋友來訪、司機等，徐傍興都不介意同桌吃飯，不會讓人覺得有階級之分，也有一流的口才、號召力十足。

李守文形容，徐傍興和父親李梅玉的個性互補，徐傍興衝太快時，李梅玉會適時幫他踩煞車，也提到徐傍興十分風趣，但飲食上不忌口，豬腳一定要挑最肥的地方吃，徐傍興常常掛在嘴邊說：「不要吃瘦肉，要吃就要吃肥肉，肥肉就像豆腐一樣，吃了就會有豆腐心，一輩子願意奉獻給社會。」

棒球種子茁壯五十年 內埔傳奇再延續

在美和中學校園中，徐傍興博士銅像威風凜凜、巍然屹立，美和中學的校門口，則有「雄霸棒壇」題字相互呼應。

徐傍興在美和校園中留下的身影很鮮活，他是那個搬著藤椅，無事就坐在欖仁樹下，翹著腿看球員練球，有時看到打瞌睡、有時提醒經過的球員要多吃飯、認真練球的棒球隊保母，也是清早就走在校園中，看到學生經過就問候Good Morning，甚至於被現任校長曾焜宗誤認為老校工的親切老先生。

徐傍興在一九八四年逝世後，銅像被立在美和校園中，正對著棒球場，美和棒球場沒有高牆、圍網，據曾任舍監的梁義德老師回憶，自從董事長銅像設立後，棒球就沒有再砸傷過人，就像延續著徐傍興一直守護著美和的精神。

徐傍興有很多身分，醫師是他的職業，幫助別人得到希望，是他的人生志業，看棒球、投入棒球，則是他的使命和享受，這些元素缺一不可，讓徐傍興的形象鮮活地深植在大家心中。

借用謝國城的話，因為這群為棒球奉獻不問回報的「傻子們」多年的努力，棒球的種子得以在內埔美和扎根茁壯，開啟五十年來的內埔傳奇。

校園內的徐傍興銅像。

第一章

南美和十年揚名內外（一九七〇～一九八〇）

美和第一屆主力戰將。

美和早期練球照片。

美和早期練球照片。

美和早期練球照片。

美和早期練球照片。

徐傍興兒子徐齊鄉（前排左 2）承繼父志，對球隊十分關心。

美和青少棒隊國內賽奪冠。

曾紀恩（右）與宋宦勳（左）教練，日後成為中華職棒第一代總教練。

1974 年青棒隊準備出國比賽。

1974 年台灣首度完成「三冠王」，圖為青棒隊遊街照片。

1974 年台灣首度完成「三冠王」，圖為青棒隊遊街照片。

房徐蕙英（左 1）、徐生明（左 2）、曾紀恩（左 4）。

一、七虎落難美和伸援手 啟棒球輝煌年代

美和自一九七〇年成立青少棒隊，從拿到屏東縣國中棒球賽冠軍起，展開第一個輝煌十年，也是台灣棒球「三冠王」風光年代，在那個風雨飄搖的時期，美和的出現，豐富了大家的生活色彩。

一九六九年，台中金龍少棒隊出征世界少棒賽，替中華隊拿回第一個冠軍，隔年由嘉義七虎少棒隊接棒，獲得遠東區代表權後，再次進軍威廉波特世界少棒賽。

但代表中華隊挑戰衛冕的七虎隊，在世界少棒賽首戰就敗給尼加拉瓜隊，最後只帶回第五名，無法進入只有奪冠才能就讀的華興中學。

正在這些小選手家長焦頭爛額之際，美和在常務董事徐富興牽線、創辦人徐傍興支持下，決定伸出援手，吸收八位小國手，另在當地選拔出一些有潛力的小朋友，組成第一屆美和青少棒隊，由台電教練宋宦勳負責指導。

一九六九年進入美和教書、一九八二年擔任校長的林永盛回憶，「徐博士和家族對球隊的成立投入很多，前期的董事廖丙熔、徐富興、李瑞昌都有奉獻，帶頭的人成立，我們再承接付出」。

但美和第一屆青少棒隊還來不及參加正式比賽，六名主力球員在一九七一年二月因故轉入華興就讀，而當時剛從空軍棒球隊轉到美和任教的教練曾紀恩，只得四處奔波，從金龍、巨人、光陽等少棒隊，尋找好手補齊陣容。

張沐源、林偕文、楊清瓏、江仲豪、陳進財、蕭良吉、王澄豐等人，都在這時進入美和中學，也替美和第一個輝煌十年的開展，扎根奠基。

林偕文至今還記得董事長（徐博士）的模樣，「醫生出身，感覺很和善」，對於曾紀恩更是印象深刻，「就是軍事化訓練，很嚴厲，宋（宋宦勳）教練就是比較斯文的教法，跟曾教練是不同的方式」。

董事黃國忠說，學校非常照顧球員，又有生活上的管理，當時有曾紀恩、宋宦勳兩位優秀教練，但帶領球隊方式不一樣，球員感受最深，「曾教練是斯巴達式教育，宋教練是美國式球風，曾教練讓學生敬畏，宋教練比較親和，他們相輔相成，各有千秋」。

美和青少棒在一九七一年參加屏東縣國中棒球賽，帶回隊史第一個比賽冠軍，之後的對外練習賽，再以五比四擊敗高雄市國中冠軍隊壽山國中、七比一擊敗亞軍七賢國中。

一九七一年九月，美和參加全省國中男子棒球暨女子壘球錦標賽，預賽擊敗上一屆比賽亞軍新竹縣隊，最後雖沒晉級，但鍾德文擊出三支全壘打，梁政村也敲兩轟，江仲豪、陳進財、陳昭銘、陳富嶺、楊清瓏都有全壘打，美和的隆隆砲火特色，開始讓球迷印象深刻。

當時，台灣並未參加世界棒球聯盟主辦的世界青少棒賽，「中華全國棒球委員會」的考量點除了經費，「我國青少年棒球代表隊的實力，是否達到世界水準，無法得知」。

但這一年十二月，中華全國棒球委員會決定隔年六月舉辦全國青少年（國中）棒球錦標賽，做為中華青少棒隊的選拔賽；美和開始朝世界冠軍的目標邁進。

一九七二年二月，自強杯青少棒賽在台北市立棒球場開打，美和預賽全勝晉級冠軍戰，對決台南市建興國中，七局打完仍以四比四平手。

延長賽第八局，江仲豪一上場擊出全壘打，接著楊清瓏敲出二壘打，張沐源再開轟，聯手帶回隊史第一個全國性比賽冠軍，曾紀恩獲得最佳教練獎，張沐源拿到功勞獎。

林永盛說：「徐外科不斷有金錢投入，學校也省吃儉用，包括教練的安排，選手的來源募集、生活上的照顧、伙食課業，全校所有人都要投入這些工作，基礎打穩了才有成績表現。」

一九七二年五月，美和首度挑戰全國青少棒賽，從南區預賽開始打起，以五勝一敗和嘉義縣南興並列冠軍，最後在台南市立棒球場進行加賽，決定南部七縣市的代表權。

這場加賽，兩隊各有聲勢龐大的啦啦隊，一早分別由屏東及嘉義坐遊覽車、準備銅鑼、大鼓趕來助陣，據媒體報導，坐在三壘觀眾席的美和啦啦隊，比對手聲勢更為浩大，賽前啦啦隊先行較量，美和占了上風。

而美和也在比賽中，棒打南興王牌投手劉秋農，三局下連拿三分致勝，終場以四比〇贏球，隊史首度進軍中華隊選拔賽（全國青少棒賽），當時的媒體專家張昭雄認為，美和的打擊、投手具有相當威力，可望在全國青少棒決賽威脅各區代表隊。

美和首度參加全國青少棒賽南區預賽，曾紀恩獲得最佳教練獎，陳昭銘拿到最佳美技獎，楊清瓏以四成四四打擊率排第三名，團隊擊出八支全壘打，江仲豪、張沐源各兩支，梁敬林、陳昭銘、楊清瓏、劉宗富各一轟。

媒體在一九七二年五月十五日專文介紹美和，「球隊水準相當平均，不論是防守、打擊或是投手，都已經練到相當火候。他們在南區一個星期的單循環選拔賽中，以六勝一敗的成績躍登盟主，得來實屬不易，但也無僥倖」。

「美和隊最大的特色是球員都有全壘打紀錄，棒球選手打全壘打是可遇而不可求的事，但美和球員卻以全壘打為家常便飯，如果說美和隊有『全壘打群』也不算太過分」。

「美和中學是一所提倡體育不遺餘力的學校，兩、三年前看準了少棒球員升格後，定能為我國青少年棒運帶來高潮，因而著手選擇少棒球員，給予獎助學金而組織棒球隊，經過兩年嚴格而有計劃的訓練，美和已經頭角崢嶸，名列全國一流球隊之一」。

北華興分庭抗禮
南美和展鄉下小孩幹勁

一九七二年六月三日，美和在全國青少棒首戰台東縣紅葉，以八比一搶下好采頭，第二戰雖以〇比一輸給台中市金龍，第三戰迅速回神，以八比二擊敗北市華興中學。

「南美和、北華興」的第一戰，美和靠楊清瓏打天下，轟出一支三百呎外的全壘打，也是前三天比賽的唯一全壘打，媒體形容，這是一場高水準的比賽，兩隊都有優異表現，「美和的戰略靈活、有高度效果，也靠技術贏球」。

「南美和」擊敗「北華興」，在當年是大新聞，中華全國少棒聯盟理事長謝國城評論，美和水準已屬不錯，少有技術大毛病，「美和贏華興，是很合理的比賽結果」。

預賽打完，美和與華興戰績同為二勝一敗，最後再靠加賽決高下，美和兩度領先都被追平，兩隊纏鬥七局仍以二比二平手，進入延長賽。

八局下，美和陳昭銘獲四壞球保送，蔡榮宗短棒觸擊，造成華興傳球失誤，接著楊清瓏擊出安打，美和攻占滿壘，最後靠林偕文選到的四壞球保送，擠回致勝分、以三比二力克華興。

美和隊史首度拿到全國青少棒賽冠軍、中華隊代表權，功勞獎由投手劉秋農獲得，陳昭銘（四成二八）打擊獎第三名，楊清瓏拿到全壘打獎，曾紀恩再度帶回教練獎。

美和成為我國史上第一支進軍世界青少棒賽的隊伍，當年的台灣省教育廳長許智偉對於美和中學深感讚佩，「美和創辦人兼董事長徐傍興和常務董事林亮雲、廖丙熔等人熱心教育，尤其對青少年棒球倡導的努力，表示由衷感謝」。

中華隊領隊由廖丙熔擔任，教練曾紀恩、經理董榮芳、助教蔡炳昌、秘書蔣得禮、隊長張沐源、球員劉秋農、伍茂東、溫金明、黃宏茂、林偕文、蔡榮宗、楊清瓏、梁敬林、陳昭銘、黃明怡、江仲豪、陳進財及吳文智。

一九七二年八月五、六日，遠東區青少棒賽在台北市立棒球場進行，以美和為班底的中華隊先後以七比〇、十八比〇擊敗關島隊，拿到遠東區代表權，參加八月十四日起在美國印地安那州蓋瑞城舉辦的第十二屆世界青少棒賽。

八月十八日，中華隊在世界青少棒賽的歷史首戰對決美國東區隊，一比〇留下史上首勝，隔天再以九比一擊敗墨西哥隊，廿日再以十二比一大勝美國北區隊，並在廿一日冠軍戰以九比〇擊敗美國西區加州隊，獲得我國第一個世界青少棒賽冠軍。

在這場冠軍戰中，江仲豪、黃明怡、黃宏茂是打擊貢獻最大的球員，投手張沐源也有傑出表現，變化球完全封鎖美西隊打擊，捕手黃宏茂抓準對手沒有精確選球能力的缺點，和張沐源搭配出色。

美國媒體在賽後報導，「今年由於有美和參賽，讓世界青少棒賽的水準提高了一大截」。

中華隊總領隊謝國城說，中華隊（美和）球員團結、合作，奮戰精神使他感動，曾紀恩與蔡炳昌則說，美和的技術完全發揮，每一位球員都很盡職。

一九七二年除了美和拿到世界青少棒賽冠軍，以台北市隊為主體的中華少棒隊也帶回世界少棒賽冠軍，九月六日回國後，在警車前導下，在台北市區展開兩個小時的遊行，球員分搭十六部吉普車，接受萬人空巷的熱情歡迎。

現任美和中學校友會會長邱展裕在一九七一年入校，隔年青少棒隊拿世界冠軍，「我們雖然不是球員，但都很興奮，準備好的鞭炮從教室掛下來，能跟明星球員成為同學，大家都與有榮焉」。

邱展裕說：「因為他們的光環，讓我們走路都有風，以這些同學為傲。」

美和帶回第一個世界青少棒賽冠軍，獲得當時總統蔣中正召見，謝國城曾說：「這次召見意義十分重大，剛成軍的美和青少棒隊，一出馬就得到世界冠軍，為日後的三冠王奠立基礎。」

兩年後，這批第一代美和球員升上高中，美和青少棒隊更是不斷茁壯、招收新血，棒球種子發芽開花，一九七四年雙雙搶下中華隊代表權，青棒隊首度進軍世界賽，青少棒隊第二次代表國家出征。

美和青棒隊在一九七四年一月舉行的全國四強青棒邀請賽冠軍戰，以四比一擊敗華興，三戰全勝奪冠。

這場比賽吸引了一萬多名球迷進場觀戰，「南美和、北華興」的華麗對抗，延續到高中熱血，台灣棒球發展進入新的篇章。

之後美和青棒隊陸續在友愛杯棒球邀請賽、青年節棒球對抗賽、全國中上棒球賽擊敗華興奪冠，並在第一屆全國青年棒球賽暨中華青棒隊選拔賽再度擊敗華興，氣勢銳不可當。

而美和青少棒隊則在一九七四年第二屆「中華醫專杯」青少棒賽奪冠，接著在全國青少棒賽一路挺進，冠軍戰以七比二擊敗中市雙十隊，徐生明、張業泰、蘇順德各敲一支全壘打。

「南美和、北華興」成為國人矚目焦點，一九七四年美和占盡上風，就連謝國城都說，華興是「都市小孩」，美和則有鄉下人的幹勁，「過去聲望雖不如華興，但為了爭冠付出的心力超過華興，真正下工夫苦練」。

這一年的中華青少棒隊領隊由廖丙熔出任，經理為曾紀恩、教練是宋宦勳，球員則有徐生明、李居明、張永昌、高文川、魏景林、劉宗富、唐昭鈞、張業泰、蘇順德、黃廣琪、江竹山、王恩鵬、謝燈育、黃榮銘。

中華青棒隊採明星混合組隊，李梅玉擔任領隊，經理為董榮芳，教練是蔡炳昌、曾紀恩，美和有曾明德、龔富傢、陳昭銘、陳進財、梁敬林、楊清瓏、林俊民及江仲豪八人入選（另有華興三人、北體兩人、東亞高工兩人）。

一九七四年遠東區青少棒賽七月廿、廿一日在關島進行，中華隊以十八比一、十七比一獲勝，取得代表權，八月十二日進軍在美國印地安納州蓋瑞城進行的世界青少棒賽。

以美和球員組成的中華青少棒隊，先後以十二比〇勝加拿大安大略省、五比二勝美南、五比一勝美西加州聖安納、五比一勝美南，完成三連霸；徐生明對加拿大之戰締造連續三振八人次的紀錄，李居明也有單場雙響砲的演出。

同一時間，中華青棒隊前往美國羅德岱堡首度參世界青棒賽，八月十二日首戰五比二擊敗波多黎各，隔天以十一比〇勝加拿大，接著再以三比〇、二比〇連勝美南，捧回中華隊史上世界青棒賽首冠。

美和精神不服輸

創中華隊史「三冠王」霸業

一九七四年的世界少棒賽，高市立德少棒隊代表出征，同樣帶回世界冠軍，中華隊史上首次完成「三冠王」，當時媒體評論，「美和中學是發展棒球運動的最大功臣，前年首度代表我國參加世界青少棒賽奪冠，開創青少棒運動的光明前途」。

從青少棒隊開始組軍到一九八〇年為止，美和拿過五次世界青少棒賽冠軍，一九七四到七六年連三度奪冠，一九八〇年更替中華隊締造九連霸、難以突破的紀錄。

中華青棒隊在一九七四年首度拿下世界青棒賽冠軍，到一九七八年寫下五連霸佳績，而以美和球員為主體的中華隊，除了一九七四年之外，另有七六、七七年，在台灣棒球歷史中，有著無法取代的地位。

一九七六年世界青少棒賽，美和再度成為中華隊班底，球員有羅國章、江泰權、洪一中、邱榮富、林振賢、詹仁和、陳振順、柯孟岱、趙士強、陳肇福、陳忠海、黃福麟、黃耀賢。

中華隊首戰以一分之差輸給美西、落入敗部，之後連拿四勝、拿到敗部冠軍，接著連以十二比五、十四比五擊敗勝部冠軍美西，討回面子的同時，為中華隊完成五連霸紀錄。

一九七七年世界青棒賽，美和有徐生明、張永昌、唐昭鈞、余富誠、黃廣琪、李居明等六名球員入選中華隊，由廖丙熔擔任經理（教練曾紀恩）出征，第二戰輸給布羅瓦郡隊，落入敗部。

和前一年學弟們看齊，中華隊在敗部連勝三場突圍，再取得對決勝部冠軍布羅瓦郡的機會，接連以四比一、四比〇取勝，完成中華隊四連霸，唐昭鈞獲選明星球員（捕手）。

徐傍興當時曾說，「連兩年帶青少棒、青棒隊到國外比賽，都是從敗部復活奪冠，這樣爭取到的勝利，只要是有運動精神的人，都會對中華隊感到佩服」。

一九七八年代表中華少棒隊（屏光）拿到世界冠軍的球員黃文生，國中後進入美和中學，度過六年球員生涯，他最自豪的美和精神就是「永不放棄」，「不管是我當選手、還是當教練，美和總是能在逆境翻身」。

一九七〇年代，台灣棒球進入「南美和、北華興」青少棒、青棒對抗時期，兩校球員高中畢業後，華興進入輔大、美和進入文化，繼續在成棒對決，帶動台灣棒球水準成長。

二、人物故事

鐵血教頭——曾紀恩

若不是美和棒球隊，曾紀恩的棒球人生可能不會那麼豐富；如果不是曾紀恩，美和棒球隊或許只是曇花一現。「教官」和美和劃上等號，那是一個棒球美好年代的感人故事。

曾紀恩和美和理事廖丙熔都是屏東內埔人，也是國小同班同學，畢業後各分東西，三十多年後才回到屏東「合體」，起因是董事長徐傍興一九七〇年在媒體

曾紀恩（左）與徐傍興合照。

刊登的尋人啟事，「曾紀恩，你在何方？球兒在等你」。

「教官」當時正在空軍虎風球隊兼任教練、球員，得知消息後，立刻去找同是舊識的徐傍興，「為家鄉服務是我的責任」，從此跨進美和，替這支南霸天球隊奠定穩固根基。

美和創隊以七虎隊為班底，但因故陸續離隊，球員剩餘不多，曾紀恩在徐傍興拜託下，開始招收兵馬，曾紀恩曾說：「透過台中金龍隊教練蔡炳昌，爭取江仲豪、楊清瓏、陳昭銘、林俊民、黃明怡到美和；之後又找來徐生明、張沐源、梁敬林、李居明、唐昭鈞、魏景林等好手。」

有了戰力雛形後，曾紀恩將球隊一分為二，比照美職、日職，設立一、二軍互相對抗比賽，藉以培養經驗、增強技術；一九七二年，美和在國內青少棒選拔賽冠軍戰擊敗華興，開啟「南美和、北華興」時代新頁。

美和奪冠後代表中華隊參加一九七二年世界青少棒賽，領隊由廖丙熔出任，曾紀恩為教練，帶回我國史上第一座世界冠軍；曾紀恩說，自己和廖丙熔是小學同學，兩人又熱愛棒球，所以才能合作無間，讓美和順利成長。

一九七四年美和代表國家參加世界青少棒、青棒賽，拿到雙料冠軍，加上高雄立德少棒隊也獲得世界冠軍，「三冠王」首度在台灣出現。

當年擔任球隊舍監的前校長涂順振回憶，「要負責六十位球員的生活管理，尤其是晨操，球員五點半要起床，教官都在天亮前等在樓下，聽到他的嗓音，大家都很緊張，訓練非常嚴格」。

在美和執教期間，不管是兼任還是專任，曾紀恩都展現出軍人的實在、苦幹精神，球員訓練也是這樣，他堅持，「球打不好沒關係，紀律、精神絕對要第一」。

第一代美和球員林偕文回憶，曾紀恩領軍從未休息，就算下雨照樣有課表，「把球員集合到司令台上，唱空軍軍歌給大家聽，這是加強精神的訓練」，教官操很兇，不停地練球，但有時會請球員到他家摘芒果吃，林偕文說：「在球場外，他是和藹的長者。」

有一段時間，曾紀恩身兼空軍、美和棒球隊教練，「上午在空軍，下午跑去美和，下課後回家吃飯再回部隊，一週只有週六住在家裡」，全心全意投入棒球，訓練出一批又一批的得意門生。

美和大學長江仲豪說，教官最有名的體罰方式是打「乖乖針」，「要從學校跑到內埔某個醫院，醫生是教官好朋友，被罰學生要打完『乖乖針（營養針）』之後，折返跑回學校」。

李居明高一時，曾紀恩叫他改練外野手，不斷的丟球、接球，一切都是土法煉鋼，就算被罵到想回家，還是得忍下來，接受一對一的特訓，每天練到筋疲力竭為止；這樣鋼鐵般的訓練，也造就了日後的「棒球先生」。

唐昭鈞說，教官的作戰策略常讓對手意外，兩好球後照樣短打；「觸擊」是曾紀恩最強調的訓練，出身美和的球員，都要把這個看似小事的技巧練好，這是他對棒球的態度，教給學生的精神。

洪一中也說，教官教球沒有訣竅，「就是練球再練球，打不好就一直打到好，勤能補拙」。

曾紀恩帶領美和在國內外揚威，曾獲得體協特等大授一級獎章、教育部金質體育獎章，曾有人開玩笑地說，已經沒有再高等的獎章可以頒給教官了。二〇〇五年，曾紀恩和楊傳廣、紀政獲前總統陳水扁頒授二等景星勳章，是體育界最高榮譽。

某次世界青棒賽，曾紀恩帶中華隊出征，但他

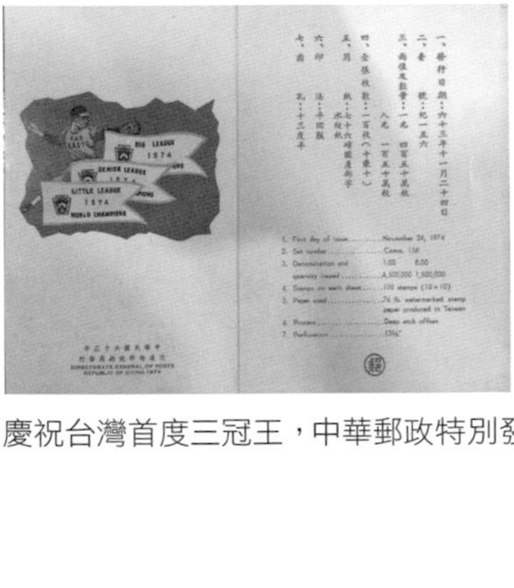
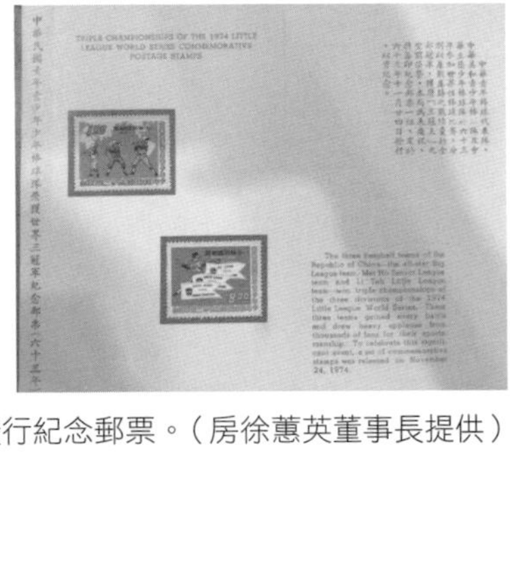

慶祝台灣首度三冠王，中華郵政特別發行紀念郵票。（房徐蕙英董事長提供）

曾紀恩教練。

的美國入境簽證在作廢的舊護照上，只帶著新護照上飛機，正當球隊傷腦筋教官無法入境之際，海關移民官主動開口，「每年率隊來美國比賽，我認識你」，最後讓他當場宣誓放行。

教官記不得這是哪一次世界青棒賽發生的插曲，他只記得，「那次我們又拿冠軍了」。

曾紀恩在美和教球十五年，帶領青少棒、青棒隊拿下十一次世界冠軍，國內比賽更是奪冠無數，他說過，教練必須帶球員的心，「自己該做什麼，就做什麼，一切以身作則，球員就沒有話說」。

二〇一二年元月廿七日，曾紀恩因腦中風在浴室昏倒、緊急送醫治療，二月十二日晚上七點因腦溢血逝世，享耆壽九十一歲。

「認真訓練」、「鐵的紀律」、「賞罰分明」、「以身作則」，是教官留給美和最好的榜樣。

美和重砲——楊清瓏

現任綺麗育樂有限公司總經理的楊清瓏，一九七二年幫中華青少棒隊帶回第一座世界冠軍，更在十年後帶學弟出征美國，是美和第一位在球員、教練生涯都有世界冠軍紀錄的「大學長」。

楊清瓏自台中市忠孝國小（第二代金龍隊）畢業後，進入美和中學，從都市跑到屏東內埔，一開始非常不習慣，「剛去這麼鄉下的地方，心裡一直在想，我有辦法在這裡住下來嗎」。

到美和的第一印象就是偏遠的鄉下，楊清瓏坦言，其實蠻擔心自己的，但也因此看到教練曾紀恩的鐵漢柔情，「有時候他會騎著摩托車，帶我去屏東夜市吃排骨飯，讓我很有安全感」。

曾紀恩對這些來自城市的小孩呵護有加，「都是離鄉背井，他把我們當成自己的小孩」，熬過最困難的第一關，楊清瓏說：「之後都順利了，開始全心投入棒球。」

楊清瓏開始專心勤練球技，一九七二年幫美和拿下第一座全國青少棒選拔賽冠軍，成為第一代中華青少棒隊隊員、贏得第一個世界冠軍，更是那個年代家喻戶曉的球星。

求學時代持續苦練，讓他在美和青少棒、青棒隊都是不動四棒，青少棒時期獲選一次國手，升上高中後，三度代表中華青棒隊出征。

楊清瓏剛進美和時，教練是宋宦勳、曾紀恩，升上青棒後是曾紀恩一人帶隊，蔡炳昌偶爾會來幫忙，「教官非常嚴厲，讓我們沒有變壞，受影響很大，他很疼愛球員，師母也是」。

在棒球路上，楊清瓏受過很多人照顧，美和時期除了將曾紀恩視為恩師，也非常感念李瑞昌醫師的幫助，「他經常幫我們看病，而且都不收錢，最後還認我當乾兒子，我經常跑去他在竹田的家」。

楊清瓏。（本人提供）

一九七四年，楊清瓏升上高中，成為美和青棒隊第一代成員，並拿到全國選拔賽冠軍，代表中華隊首度參加羅德岱堡世界青棒賽，又捧回第一個世界青棒賽冠軍。

一九七五、七六年，楊清瓏再接連當選青棒國手，在羅德岱堡衛冕成功，一直到成棒時期，都被視為全壘打好手，學生時代的扎實訓練，替他奠定深厚的功力。

楊清瓏身材很好，在曾紀恩的嚴格訓練下，練得比別人更勤快，「當時打球環境不好，除了苦練，就是苦練，並特別加強體能、重量訓練，才有和別人競爭的本錢」。

對於曾紀恩，楊清瓏充滿感恩，除了指導棒球技術之外，「為人處事態度也是大家的典範，讓我們在那段不懂事、懵懂少年期間，受到嚴格管教，我深感慶幸」。

教官的精神，跟著楊清瓏進入文化學院，他在當球隊隊長時很有威嚴，隊友外出一定會請假，「球員必須要確實遵

楊清瓏（右 1）與球員教練合照。（本人提供）

守隊規，如果毫無紀律，精神就散漫，球一定打不好」。

在美和唸書、打球時期，楊清瓏說：「幾乎沒有娛樂，每天都要早起，晚自習結束後就睡覺，每天的重心幾乎就是練球。」雖地處偏僻鄉下，但這個環境讓他心無旁騖地磨練自己。

在美和唯一可以放鬆的時候，就是練球結束、洗完澡、接近晚自習前的一個小時，「大家都會跑去美和村吃東西、看美和護專的姑娘，那是我們調整身心的方式之一，在乏味生活中僅有的享受」。

對楊清瓏來說，美和是生命中的一個重要過程，「父母要求我一定得讀書，而我努力打冠軍，就是希望能獲得保送大學的資格。以前看到合庫前輩在大學期間，每天穿非常正式的服裝上班，成為我追夢的目標，希望自己日後也跟他們一樣」。

楊清瓏是美和第一代去打世界賽的青少棒、青棒球員，在空軍服役時，也會回母校幫曾紀恩分擔、指導學弟打球，一九八〇年曾擔任美和青棒第二隊「大武」隊教練，領軍參加中正盃青棒賽，並拿到冠軍。

一九八三年，楊清瓏在昔日教練李瑞麟邀請下，出任中華青少棒隊教練，成為第一位在美和時代打過世界賽、又再帶領母校（中華隊）出國比賽的「傳奇」，且兩次都是奪冠凱旋而歸。

微笑喬治——趙士強

「微笑喬治」趙士強在就讀美和中學時期蛻變，技術和身材都是，「全壘打王」也是從這個時候打響名號，奠定棒球人生的基礎。

趙士強的棒球路很神奇。小時候就讀台中市北屯國小是籃球校隊，升上東峰國中後依然在練籃球，「當時因為忠孝國小要組第五代金龍少棒隊，少一位球員，剛好我的年紀還可以打，球隊找我去，之後才開始打棒球」。

趙士強畢業照。

趙士強國小早讀一年，國一代表金龍隊打完全國少棒選拔賽後，跟著羅國章加入美和青少棒隊，最開心的事情是可以看到偶像，「以前在台中都是聽（廣播）楊清瓏、劉宗富、徐生明比賽，進去後看到他們在褲子、襪子、手套寫上名字，覺得很厲害、也很興奮」。

剛進美和時，球場都是土，還有很高的雜草，趙士強說：「做操都會塵土飛揚，全身髒兮兮，李（瑞麟）老師那時剛當教練，體能訓練非常嚴格，叫我們從學校跑去萬巒國中再跑回來，劉名賢、羅國章那一代都是這樣操出來的。」

從台中轉到美和，趙士強身材雖不錯，但年齡比較小，且當時球隊人才濟濟，「我根本沒有上場機會，撿了一年的球」。

美和學校後面是椰子樹（田），旁邊有蓮霧園，「每次練習大約有三、四十顆球會打出去，青少棒隊打完是國一學弟去找，青棒隊結束換高一球員去撿，五個人一字排開把球找回來」。

趙士強記得，大家都喜歡去蓮霧園撿球，「那裡有蓮霧可以吃」，最怕去椰子樹周遭，「那裡是農田，連襪子都得脫掉，每次找球全身都是泥巴，沒人想去」。

進美和第一年，趙士強是投手，升上國二還有投，但某一天在投球練習時，「教官（曾紀恩、青棒教練）對著我大叫，『那個高個兒的，根本投得不行，不要再投球了』，之後我就變成外野手，國三當過第二號捕手」。

至今，趙士強也不知道教官為什麼覺得他不適合當投手；但當年曾紀恩的這個決定，也造就了日後的「微笑喬治」。

趙士強回憶以前的訓練，「一天要練四攤，教官一個人可以打全隊訓練量，很厲害，」他說：「我們沒有週六、日，如果週六練得好，隔天才有機會休息，大家會很瘋狂、很開心，如果練得沒精神，週日就得繼續練。」

一九七五年，趙士強首度當選青少棒隊國手，七六年在南區選拔賽擊出四支全壘打，威震八方，再度入選中華青少棒隊，七八年獲選中華青棒隊，在世界青棒賽擊出兩支全壘打。

趙士強每次上場打擊都是笑嘻嘻的，很受球迷喜愛，五度到美國參加世界棒球賽（青少棒、青棒），羅德岱堡當地報紙體育頭條新聞曾形容他是「溫和的巨人」，有禮貌且和藹可親。

剛進美和時，趙士強的體重頂多七十公斤，到了一九七九年畢業時，除了身高飆長到一八〇公分，體重也達九十三公斤，他的母親鍾昭麗曾說：「士強以前不是這種身材，都是棒球把他養壯的，每出一次國，就胖一次回來。」

趙士強則認為，自己的身材是棒球、客家人養胖，「美和吃得很好，平常是五菜一湯，要打南部七縣市選拔賽之前一、兩個月，會加到八菜。客家人早上會把白米飯加肉燥、蛋、米粉攪一

1978 年青棒代表隊，趙士強為二排右 1。

起，我到美和後，早餐才開始吃白米飯」。

美和伙食很好，但球員有時候想吃筍子，得偷偷來，「徐（徐傍興）博士認為筍子沒營養，球員就是要吃一塊一塊的肉」，老董事長對球員的關愛，趙士強歷歷在目。

徐博士最喜歡拿張辦公室藤椅，坐在球場後面看練球，「常問大家有沒有吃飽、喝什麼」；趙士強至今在演講時還會提到美和生活，「球員時代沒有白開水可以喝，因為徐博士會請人準備人蔘鬚（水）」。

當年練完球，除了人蔘鬚（水），趙士強說：「徐博士另外會準備紙袋裝兩公斤的克寧奶粉，請工人倒到桶子裡泡，讓我們無限暢飲。」

在美和六年，是趙士強棒球人生最重要的基礎，雖然非常辛苦，「客家人的精神，讓我們除了對棒球熱愛之外，還要很堅持，李老師和教官對台灣棒球很有貢獻」。

在這兩位教練身上，趙士強看到很多東西，「我們都是苦練出來的，當年訓練方式適不適合現在，是另一回事，但兩位教練展現出來的精神，應該要多學習」。

趙士強說：「李老師和教官對一件事情的堅持，很不容易，他們的為人處事和堅持精神，就是我人生的典範。」

諸葛鐵捕——洪一中

如果不是父親的堅持轉學，洪一中或許沒辦法成為中華職棒史上最多勝的總教練，美和中學對他來說，是人生重要的轉捩點。

洪一中小學四、五年級

洪一中 2018 年出席美和華興 OB 賽畫面。（吳敏欣提供）

住在老師家，功課維持得不錯，「但六年級為了比賽，幾乎整天都在練球，沒在唸書」，鼓山國小畢業後升上前鎮國中，功課完全跟不上。

書沒唸好，球打得也不是很順利，洪一中說：「國一本來不想繼續打，數學、國文什麼科目都跟不上，也聽不懂，愈來愈沒興趣。」

那時候的洪一中覺得很累，「打起來蠻痛苦的，乾脆不要打了」，每天跟朋友混到很晚才回家，直到爸爸發現不對勁，趕快想辦法。

洪一中的爸爸透過關係，拜託美和廖丙熔幫忙，國二讓他轉去美和，棒球路終於回到正軌。

一九七六年，美和青少棒隊參加南部七縣市選拔賽，是洪一中印象最深刻的一次比賽，「落入敗部後連勝鹽埕（國中）兩場，敗部復活拿到冠軍，那時南部七縣市取兩隊參加全國賽，南部由美和、鹽埕拿到」。

這一年全國賽美和奪冠，取得中華隊代表權，洪一中首度當選國手，「第一次很興奮，之前沒有出國經驗，什麼是出國也不知道，一直很懷疑，真的要出國了嗎？以前最難的就是出國，要先進行身家調查、看家裡有沒有前科」。

一九七六年世界青少棒賽，中華隊先輸給美西落入敗部，之後連贏四場拿到歷年第五冠，也是美和隊史第四次稱霸，回國後全隊前往總統府接受總統蔣經國接見，洪一中的唯一印象是，「很多國安人員躲在窗簾後面」。

美和成軍沒幾年就變成強隊，洪一中覺得很正常，「華興是冠軍隊整批過去，美和則是廖丙熔提個手提袋，去台中、南部、北部到處叫好手，球員訓練量大也是關鍵」。

洪一中在美和青少棒時期的教練是李瑞麟、宋宦勳，青棒則是曾紀恩，「那時被教官影響比較大，會拚命一直練習，美和有一個特色，大家在技術上會互相模仿，國中模仿高中、高中學習空軍」。

對李老師的印象就是兇，洪一中說：「教官也兇、但不會打人。」在美和時期，他唯一被修理的一次，就是被李瑞麟拿棒子打。

那時國中住通鋪、高中是上下舖，都是擠在一間大教室，「電風扇在天花板上，睡下面的人根本吹不到，睡前得先沖冷水，不然根本睡不著，大概都要到十二點、一點才睡著」。

2017 年洪一中超越學長徐生明成為中職最多勝教頭。
（Rakuten Monkeys 桃猿隊球團提供）

晚上太熱睡不好，早上六點又要爬起來晨操，「有哪個小孩撐得了，上課都會睡著，比較好的老師會默許我們偷跑上去睡覺」。

有一次，洪一中實在受不了，撐了兩節課、偷跑回宿舍補眠，剛好李瑞麟去突襲，就這樣被逮個正著，「拿球棒打屁股，很痛」。

累歸累，大家還是很認真練習，晨操之外，從下午一點半練到天黑，七點晚自習後，從九點揮棒到九點半，洪一中說：「最大娛樂就是十點熄燈後，躲在床上聽收音機，聽吳樂天講古（廖添丁），聽到自然睡著。」

偷摘椰子、蓮霧，是很多美和球員的共同回憶，洪一中也不例外，而他印象更深刻的則是「加菜」，「在打全國賽之前，都會依慣例加菜，從四菜一湯變成六菜一湯，「有時會加萬巒豬腳，五個人一桌，吃到最後連湯汁都拿來拌飯」。

雖然菜色已經夠豐富，但小球員正值發育期，還是會有吃不飽的時候，大家都會趁晚自習開始前的一個小時，跑去美和村吃麵，「有時懶得走那麼遠，從後面爬牆跳過去比較快」。

畢業後，洪一中有空會回學校走走，「感覺比較沒落了，因為球隊多，以前球隊比較少，大家會往美和跑，現在靠近都市的球隊比較強，沒有人願意到鄉下來打球」。

但洪一中認為，美和這支球隊能不能生存，關鍵不是學校，「在於台灣的棒球環境，職業球隊要好，自然而然會有很多人想打棒球，不管遠、近都會有人要打，職業人口少，球員就會集中在都市」。

美和棒球隊的特色讓洪一中至今受用，「曾紀恩教練的刻苦耐勞、訓練嚴格，對我現在的訓練方式有潛移默化的影響，或許習慣了，不知不覺就有那種模式，刻苦耐勞的練習方式」。

首代名將——江仲豪

美和組隊從台中金龍隊起步，這批球員在一九七六年從美和中學高中部畢業，江仲豪是唯一在一九九〇年投入中職的「元老」，更是第一位出身台中的美和大學長。

江仲豪入選代表隊照片。

江仲豪在打少棒時，母親在餐廳打工，剛好遇到曾紀恩，她把江仲豪拉到教官面前，「這個小孩子將來要拜託你照顧了」，當時他是台中第二代金龍隊的主將，剛在少棒中區選拔賽拿到打擊獎。

一九七一年，曾紀恩幫美和物色球員、找上江家，先把江仲豪帶去空軍球場考試，隨即被錄取，但他根本不想去屏東，後來在母親勸說下，才跟著去美和報到。

國二那年，江仲豪沒選上中華隊，感覺練球沒有前途，「乾脆就不練了，隊長來叫我去練習，也不理他，體育組長來叫人，才勉強走去球場」。

曾紀恩看到江仲豪，只問了一句話，「為什麼不練球」，他回答，「因為沒有進步、不想再打球了」，教官也很乾脆，冷冷地說：「要回去就回去吧，我給你車錢。」

此話一出，江仲豪站在原地淚如雨下，心想，「你愈是這樣，我愈要練好」，他回去宿舍，換好球衣，馬上跑回球場開始練習，從此再也離不開棒球。

江仲豪說：「教官不會打人，也不大會講好話，罵人罵得很難聽，會罵到你淚流滿面，我就是被他罵出來的，造就了苦練的精神。」

一九七二年第一屆全國青少棒賽，江仲豪和劉秋農、蔡榮宗、楊清瓏、溫金明等人，在曾紀恩率領下奪冠，成為美和第一批拿到中華隊代表權的國手。

1974 年青棒首度冠軍，江仲豪也是成員（最後中）。

江仲豪印象深刻，國內選拔賽對華興之戰，自己在六局、兩人出局、三壘有跑者時，「擅自主張」擺短棒，如願送回一分，「七局被華興打全壘打，最後我們二比一贏」。

如果不是江仲豪的突然短棒多搶一分，比賽結局難料，「那時覺得自己腳程快，看三壘手站的位置很遠」，賽後曾紀恩一直說謝謝，江仲豪心中其實很忐忑，硬著頭皮說，「都是教練戰術好」。

江仲豪記得很清楚，第一次去打世界青少棒賽，「遠東區先贏關島，再去美國蓋瑞打世界賽，美國派了四、五支球隊參加，最後我們拿到冠軍」，他很驕傲，自己是台中第一人。

一九七四年第一屆全國青棒賽，美和青棒隊首次參加，「我們以高一為主，跟嘉義東亞（高三的高英傑、李來發）、華興（高二劉秋農、郭源治）拚，美和有我和楊清瓏、陳進財等人」。

江仲豪說：「四隊打循環賽，美和贏華興、北體，東亞輸華興、北體，華興又和北體平手，最後一場對東亞，我們不用打就是冠軍。中華隊最後另外選進劉秋農、高英傑、李來發、蔡榮宗、郭源治。」

一九七四年美和拿到隊史第一個全國青棒冠軍，江仲豪再度入選中華隊出征美國羅德岱堡，又帶回台灣第一座世界青棒賽冠軍。

那時台灣青少棒、青棒隊不多，美和雖然是新軍，卻一直能打贏比賽，「華興雖然都是冠軍球員，但不可能十四人全上，能用的有限，而美和找來第二名球隊的三、四、五棒、主力投手，都是馬上可以拚戰的好手」。

當年數度代表美和披上國家隊戰袍，江仲豪至今仍覺得很光榮，「半夜比賽電視都會轉播，那時大家環境不好，不是每家都有電視，但在學生時代，我比較知名（三級世界賽成績都好）」。

回想美和生涯，江仲豪說：「當年人生地不熟，除了練球沒有事情做，內埔到學校還要兩公里，根本沒有娛樂，休息時也是拿著球棒、手套玩，但也就是這樣才練起來的。」

第二章

二十年茁壯並蒂開花（一九八〇～一九九〇）

此段時間美和依舊在國內棒壇稱霸。

1980 年青棒、青少棒隊回國。

1983 年世界青棒賽冠軍（中為領隊李瑞昌）。

1988 年青少棒隊。

國際賽比賽畫面。

1985 年青少棒隊奪冠。

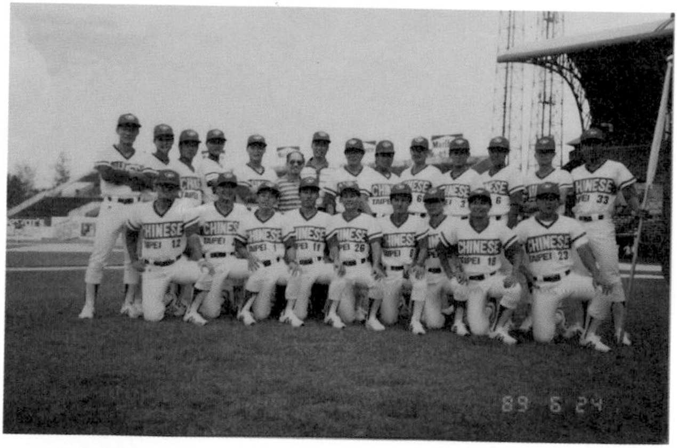

1989 年代表隊。

一、挺過挫敗與解散危機　世界舞台繼續發光

一九八一年到九〇年之間，美和七度代表中華隊參加世界青少棒賽，而在這十年間，中華隊青棒隊拿過七次世界冠軍，其中五次和美和有關；隊史第二個十年，充滿起伏動盪，花開並蒂。

經過第一個十年的厚實扎根，美和青少棒、青棒隊自一九八一年開始，不斷拿到國內各項比賽冠軍，青棒隊在一九八一年第十四屆木土杯青棒賽、第六屆中正杯青棒賽、全國青棒賽、中華杯青棒賽稱霸，也再度代表中華隊出征世界青棒賽。

一九七九年世界青棒賽，中華青棒隊因為投手違規失去爭冠資格，隔年曾紀恩帶隊出征，也和冠軍無緣，一九八一年美和再度取得代表權主體，這一年「教官」要過六十歲大壽，滿心期待討回面子。

連兩年獲選國手的龔榮堂，在這屆世界青棒賽冠軍戰最後一局擊出滿貫砲，

中華隊以十四比二擊敗波多黎各隊，也創下中華隊參加世界青棒賽以來的最高得分紀錄；在此之前的紀錄是一九七八年十三比〇勝布羅瓦郡隊。

這是中華隊史上第六座世界青棒賽冠軍，賽後，球員高興地把曾紀恩拋到空中，大家笑得很開心，「教官」落下幾滴英雄淚，因為前一年在這裡連敗兩場被淘汰，他難過了好久，誓言若再帶隊到羅德岱堡，一定要拿回冠軍。

一九八二年，美和青少棒隊在全國青少棒賽冠軍戰以三比〇擊敗榮工隊，青棒隊也在全國賽冠軍戰加賽後來居上，以四比三險勝榮工隊，隊史第六度贏得全國青棒賽冠軍，學弟、學長都披上中華隊戰袍出征美國。

美和隊史第四度同時拿到青少棒、青棒中華隊代表權，但也是首次雙雙落敗，無緣世界冠軍，當年七十四歲高齡、仍親率球隊出國比賽的董事長徐傍興，引為奇恥大辱，但也說：「我們不因受挫而氣餒，決心爭回過去的榮譽。」

儘管沒拿到世界冠軍，時任全國體協理事長的鄭為元將軍，仍前往機場親迎兩支代表隊，並代表蔣經國總統轉送兩隊全體隊職員每人一份紀念錶筆，「勉勵球隊盡其在我，再接再厲」。

隔年，美和兩支球隊再度在全國選拔賽奪冠、化身為中華隊，青少棒隊由李瑞麟領軍、青棒隊由曾紀恩率隊，前往美國討回面子。

中華青棒隊由美和、榮工、華興及三信合組明星隊，美和球員有潘文柱、鄧耀華、李安熙、李仲弘、楊斯祺、張耀騰、郭建霖、徐國銘及徐整當，在世界青棒賽接連以七比四勝波多黎各、十六比〇勝加拿大、五比一勝委內瑞拉、十三比一勝布羅瓦郡及七比〇再勝布羅瓦郡奪冠，在五場比賽中擊出五十二支安打、五支全壘打、打擊率高達三成八二。

中華青少棒隊陣容幾乎是前一年失去世界冠軍的原班人馬，也在失敗地蓋瑞重起，團隊打擊率達三成六六，吳文裕、林琨瀚、林玉坤、陳文雄不但有四成以上打擊率，且都轟出全壘打；中華隊先後以七比三勝美東、七比〇勝美南、九比二勝古拉索、六比四再勝古拉索而稱霸。

當年媒體評論，以屏東美和中學為主體的兩支中華隊，經過去年的失敗教訓，這一年辛勤訓練、整軍經武，終於刷洗前辱，贏回勝利，對於曾紀恩、李瑞麟兩位教練而言，勝利格外甜美。

中華隊奪冠後，蔣經國總統立即賀電，「中華青年表現出堅毅進取、堅忍剛毅的精神，這種可貴的精神是球隊連戰皆捷、愈戰愈勇贏得勝利的原動力，因而奪回去年雙雙失去的世界王座」。

「教官」在一九八三年七月，先帶另一支中華隊前往美國賓州約翰鎮參加世界青棒友誼賽、贏得冠軍，接著再把羅德岱堡的世界冠軍也帶回台灣。

從一九七二年到一九八三年為止，美和青少棒、青棒隊代表中華隊進軍世界青少棒、青棒賽，帶回十一個世界冠軍（中華隊共奪冠十七次），是國內戰績最輝煌的球隊，對我國棒球運動以及國家榮譽的貢獻，其他隊伍難以相提並論。

美和奪得世界青棒、青少棒「雙冠王」凱旋返回屏東，上千名球迷們簇擁在屏東火車站歡迎，並在警車、樂隊、鼓隊、大旗隊前導下，在屏東市區大遊行，沿途民眾夾道鼓掌歡迎、鞭炮聲不斷，每位球員都是英雄。

美和私校之力苦撐
贏得掌聲與關注

美和在這一年出盡鋒頭，也引發輿論熱議，「美和以私立學校之力量，長期提倡棒球運動，維持青少棒、青棒兩支高水準隊伍，為國家爭取無數的榮譽，足為楷模，但美和能，為何其他學校不能」。

但攀到巔峰後，卻也是另一個下坡的開始，這一年的十月，美和傳出打算解散球隊的消息。

當時的校長林永盛指出，受到私立學校轉學辦法的限制，球員人數大為減少，「美和青少棒隊只有國三球員七名、國二球員四名，如不予補充，不僅無法組隊參加全國選拔賽，並有解散之虞」。

美和決定於一九八四年七月一日解散球隊，青棒、青少棒隊選手共計六十九名（青棒廿九名、青少棒四十名），消息一出，中、北部各球隊均有意「收留」美和所屬球員。

此事震驚全國，全國棒球協會理事長嚴孝章表示，若僅是經費問題，棒協將全力支援，教育部也重新核定美和中學列為指定重點發展單項運動（棒球）學校，給予一年十萬元的補助，同時特准該校不受私校法限制，得收轉學生一班。

此外，屏東縣府追加預算給美和中學專款補助，林永盛當時表示，感謝各界的關切及支助，但解散球隊的決議，已在董事會及學校行政會議中通過。

美和青少棒隊在一九八三年十二月舉行的中華杯國中組棒球賽，組成美和與大武兩隊參加，最後由美和贏得冠軍，但學校要解散球隊，讓這座冠軍毫無喜悅。

當時的隊長邱耀祖代表全體球員表示，希望學校不要解散棒球隊，李瑞麟也說，學校宣布解散球隊，有許多不得已的苦衷與困難，「但真心盼望，球隊能夠繼續存在」。

美和打算解散棒球隊，驚動政治圈高層，許多人開始居中協調、關心，尋求解決辦法。

十二月十九日，董事徐旦隣表示，美和青棒與青少棒隊原本因經費及其他因素準備解散，「教育部、全國體協、全國棒協等單位，同意出面協助解決問題，美和中學仍會一本初衷，繼續為棒球運動貢獻力量，繼續培植訓練青棒與青少棒隊」。

而為了讓球員的學業與球技並進，在「解散事件」落幕之後，美和決定聘請專任教練，在球隊兼職長達十三年的曾紀恩，於一九八四年二月離隊，由青少棒隊教練、學校體育組組長李瑞麟與校友王澄豐接棒。

美和保母徐傍興逝世
子弟兵銜哀奮戰

度過危機後，美和青棒隊在一九八四年中正杯青棒賽奪冠（A隊），隊史第八次拿到全國青棒選拔賽冠軍，青少棒隊也在中正杯青少棒賽十戰全勝，冠軍戰擊敗華興紅隊稱霸，再次聯手拿到中華隊代表權。

當年中華青少棒隊由涂順振擔任領隊，總教練詹仁和、教練王澄豐，隊員有邱耀祖、潘東漢、廖敏雄、黃登富、李健男、沈俊忠、李以寶、邱啟成、尤伸評、楊正文、古國謙、黃耀聰、李照富、簡佩輝；中華青棒隊經理為宋宦勳，李瑞麟擔任教練、美和有鄭添盛、潘榮祥、黃文生、楊斯祺、陳耿佑、潘文柱等球員獲選。

然而正當兩支美和生力軍極力備戰、出征之際，董事長徐傍興博士在八月三日凌晨二時十分，因腦中風病逝於家中，享年七十六歲；這一年美和出國比賽，甚感空虛，青少棒無緣冠軍，青棒隊則帶回中華隊史上第八冠。

一九八五年，美和青少棒（紅隊）、青棒隊（白隊）依然打遍國內無敵手；青棒隊自一九八〇年起、連六年拿到全國冠軍，且是隊史第九次選拔賽冠軍，青少棒則是從一九八二年起、連四年稱霸，也是隊史第九冠。

而這一年中華隊參與國際賽的模式開始改變，主力放在國際棒球總會（ＩＢＡ）舉辦的世界青棒賽，由李瑞麟領軍出征美國紐約，最後雖只獲得第三名，但預賽曾以六比四擊敗古巴隊，拿下台灣青棒史對古巴首勝。

第五屆ＩＢＡ世界青棒賽（一九八五年）除了中華隊之外，另有美國、古巴、委內瑞拉、加拿大、墨西哥、巴拿馬、澳洲等隊參加，各隊都是國際棒球總會選的地區代表，中華隊戰績六勝三敗。

由美和為主體的中華青少棒隊，繼續在ＬＬＢ的世界青少棒賽奮戰，也發揮美和向來的不服輸特色，連續三戰都在後段比賽逆轉，最後討回前一年落敗的面子，捧回中華隊在這個比賽的第十一個冠軍。

校長林永盛表示，既然棒球隊要繼續下去，「就要打第一名」。

一九八五年共有四支四級中華代表隊出國比賽，美和青少棒隊是唯一奪冠球隊，球員有黃耀聰、李健男、陳田明、吳坤峰、蕭浚濠、蔡泓澤、鄭俊男、張榮勳、陳宗世、林茂華、鄞明村、陳金東、黃煌智、蔡榮昌。

一九八六、八七年，美和陷入低潮，沒能在全國賽突圍，外界一度懷疑美和是否已在走下坡，但林永盛和李瑞麟都不這麼認為，「素質仍好，訓練更是努力，只是其他球隊的訓練環境更好了」。

一九八八年，美和爬出低谷，李瑞麟再度率領子弟兵蔡孟哲、吳俊良、吳俊華、張守元、林克明、賴有亮、李聰富、楊福群、陳俊和、林讚新、王樹林、吳孟財、鄭智文、孫光義前往美國參加世界青少棒賽。

中華隊先後以卅三比一勝美西、九比一勝沙烏地阿拉伯、六比四、十比四勝委內瑞拉，李聰富在對美西之戰締造完全打擊的難得紀錄，最終中華隊也拿到歷年在ＬＬＢ世界青少棒賽的第十三冠。

美和青少棒隊之後又在一九八九、九〇、九一年代表中華隊前往佛羅里達州奇士美參加世界青少棒賽，締造四連霸佳績，這是中華隊在ＬＬＢ的輝煌年代，期間三度榮獲「三冠王」。

美和青棒隊則在一九九〇年取得中華隊主體權，到美國羅德岱堡挑戰世界青棒賽，先後以六比二勝美北、四比一勝美西、七比一勝委內瑞拉、六比四勝布羅瓦郡、十二比一勝委內瑞拉，五戰全勝衛冕成功。

一九九一年，美和青棒隊又代表中華隊出征，如願完成中華隊五連霸、拿到歷年第十三冠，投手洪佩臻獲選最有價值球員獎，陳俊和、陳慶國、楊福群則當選明星球員。

一九八一年到九〇年間，美和棒球隊風光過，也躲過解散危機，那段時間，更是台灣三級棒球的美好歲月，這個十年過後，美和又有不同風景，而中華隊在

LLB的征戰豐功偉業，也開始逐年消失，台灣棒壇準備迎接另一個階段。

二、人物故事

溫文儒將——龔榮堂

溫和的談吐和態度，是龔榮堂給人的第一印象，「努力不懈、不輕易放棄」，則是他自評棒球生涯最合適的註解。

龔榮堂出身台中神虎少棒（忠孝國小）隊，但一九七五年碰上美國不開放國外球隊參賽，

左起龔榮堂、徐傍興、曾紀恩。

之後選拔賽又遇到手傷無法出賽，國小與國手無緣，沒有國際賽成績，龔榮堂透露，當時已經到雙十國中報到一週，「本來已經不打球了」。

當時棒球名校美和透過棒委會找到龔榮堂，延續他的棒球生涯，「我本身就喜歡打球、爸爸也喜歡棒球，可以進到美和打球，對我來說是很榮耀的事情」。

但受到傷勢所苦，龔榮堂前兩年都在撿球，國三才開始正常投入訓練，在龔榮堂的回憶中，美和打球的生活就是「從早練到晚，除了訓練還是訓練」，早上晨操、上課、下午一點半到五點練習，晚飯過後晚自習，八點開始自主訓練。

球員與管理階層雖然不會有太多的接觸，但在龔榮堂的印象中，當時七十多歲的徐傍興大概下午三點多，就會搬著藤椅走到球場邊，看球員練球，累了就在樹下打瞌睡，看到球員經過會叮嚀：「你們要多吃肉呀，要吃壯一點，多吃一點卡路里。」龔榮堂沒有喝過美和的招牌牛奶，但對棒球隊加菜的豬絞肉印象深刻。

「只知道他是董事長，也是一位有名的外科醫師，關心我們的營養，重視我們打球要有精神、態度要好，他把我們當孫子看待，看我們練球感覺就很開心」，這是龔榮堂對於徐傍興最直接的印象，之後透過資料才又更近一步瞭解徐傍興，也感謝他提供美和資源環境，讓美和棒球隊可以有這麼好的發展。

龔榮堂青少棒時期教練為李瑞麟、青棒時期教練則是曾紀恩，談起兩人的帶隊風格，「曾紀恩要求紀律、像軍隊般的管理，李瑞麟則是替球隊帶入新的觀念，從美國書籍上看到一些不同於日式的打球觀念，如牽制、打帶跑等」。

一九八〇年龔榮堂在全國選拔賽拿下打擊獎第三名，首度入選青棒代表隊，也造就他與曾紀恩最親密接觸的回憶，龔榮堂笑說，當年一到美國就得結膜炎，為了怕傳染給隊友，比賽期間都要跟嚴肅的曾紀恩睡同一間房間，睡在他床頭的地板上，「我們很怕他，他很早就睡，我也跟著睡」，雖待在同一個空間中，但沒有太多交談。

那年是美和為主體代表中華青棒隊出國，首度在世界賽爭冠失利，也讓曾紀恩耿耿於懷；隔年美和再度於全國青棒選拔賽以五比〇擊敗榮工、取得代表權，誓言奪回榮耀，龔榮堂扛中心棒次第三棒，也在決賽對波多黎各隊之戰、最後一局敲出「滿貫砲」，率隊以十四比二拿下冠軍，是當時中華隊參賽單場最高得分

龔榮堂出國比賽前合照。

紀錄。

談起世界賽的滿貫砲，龔榮堂笑說那是錦上添花，當時已經領先很多分，也謙虛表示，自己球員生涯表現普普通通，但拿下冠軍後總統接見，在總統府前高喊：「中華民國萬歲」，同時上電視台受訪都是很難得的經驗，只不過當時受訪講了什麼，不僅家人都聽不懂，自己也忘了。

國手資歷讓龔榮堂獲得保送大學的資格，美和六年期間，除了訓練，也有晚上偷摘椰子的回憶，美和對於棒球生涯的影響，龔榮堂直言，自己沒有特別的能力，但在那個年代，「專注在棒球這個領域，學會專心做一件事情，投入所有的心思，二十年後再回頭看，影響我最深的依舊是這件事。」

龔榮堂自評，運動生涯「努力不懈」是從小的訓練養成的做事態度，「在我印象中，沒有什麼事情是半途而廢的，不會因為覺得沒有能力而輕言放棄，有目標就全心全意做。」

龔榮堂很早就決定卸下球員身分轉任教練，先後任文化大學棒球隊、聲寶巨人棒球隊、國立體育大學棒球隊教練職，也是中華民國棒球協會技術委員，並於二〇一八年被推舉為美和棒球隊校友會會長，對於基層棒球推廣，龔榮堂有很多想法。

龔榮堂認為台灣棒球發展，應該走向休閒產業，產業化、專業化、樂趣化、全民化，期望運動產業相關人員有好的待遇，促進產業蓬勃發展，也要思考如何讓球員在投入運動領域訓練得到樂趣、更多元發展、更有效率的訓練，讓運動員「全人化」。

美和強投——吳俊良

吳俊良從小就是受人矚目的球星，在美和中學六年時間，對他往後的人格養成有很大幫助，「因為有這些訓練，才能把能力和態度結合在一起，讓我的棒球路走得不錯」。

吳俊良在一九八六年代表中華隊參加威廉波特世界少棒賽，是陣中的主力投手，也帶回中華隊史上第十一座世界少棒賽冠軍，之後進入美和中學就讀，成績更是耀眼。

一九八八、八九年吳俊良都入選中華青少棒隊，接連在美國奇士美奪冠，八九年再代表中華隊參加第一屆ＩＢＡ世界青少棒賽（亞軍），升上青棒後，又參加ＩＢＡ世界青棒賽（亞軍），九一年在羅德岱堡世界青棒賽拿到中華隊史上第十三冠。

高二時，吳俊良跨級加入中華成棒隊，前往南韓參加第四屆會長盃棒球賽，捧回亞軍，一九九二年再度入選中華青棒隊，前往美國參加世界青棒賽。

吳俊良學生時期的代表作，是一九九二年在世界青棒賽投出的「無安打、無失分」比賽，這一戰直到七局上、兩人出局，波多黎各隊都無法上壘，但最後一刻，隊友倪國展發生失誤，對手攻占上一壘。

吳俊良記得這場比賽，「以前沒有什麼無安打、完全比賽的概念，只知道出來比賽不想輸，就算到後來知道有機會，但也不會想」，日後回想起來，吳俊良才知道那個失誤的嚴重性。

就讀美和中學期間，吳俊良

吳俊良（後排左 3）是球隊王牌投手。

說：「以前從來沒有經歷過團體生活，一進美和，學長就協助我盡快融入這個大環境，這麼多年來，喜怒哀樂都有，所有深刻記憶都是好的。」

在美和的團體生活，以服務為主，「練球都是學長在帶，學弟就是要幫忙，就算國二、國三選到A隊，還是要協助學長訓練」，吳俊良在美和遇到第一個教練是黃文明，國二換成王恩鵬。

那時王恩鵬退伍剛接球隊，吳俊良印象非常深刻，「一開始他是很正常的教練，但不知道是不是我們做不好，他的個性從和藹可親到嚴厲帶隊」，後來美和發生史上第一次「大逃亡」事件。

吳俊良回憶，一九八八年的夏天，青少棒隊要打全國賽之前，跟青棒隊在屏東球場比賽，最後輸得很難看，「王教練要我們從屏東球場跑回學校，但有些學長邊跑邊摘路旁的蓮霧，路人去跟教練告狀」。

王恩鵬立刻調頭，把球員全數帶上車，回到學校後叫大家繞著學校跑一大圈，然後去司令台前罰站，「有十五人受罰，只有我是國二，隊長楊福群被叫去辦公室後，衝回來叫大家『緊走喔，老師要來摃人了喔』」。

楊福群看到王恩鵬拿出一根大藤條，球員們聞言拔腿快跑，吳俊良那天腳受傷，也跟著學長跑得像飛一樣，大家一直跑到美和村才停下來，討論後決定「翹隊」，「有人偷偷跑回學校，叫學弟把我們的行李丟出牆外」。

這十五人搭最後一班火車到高雄，分批到高建修、鄭智文家裡住，但才進門，吳俊良說：「電話就響了，李老師叫我們馬上滾回學校，保證不再追究這件事。」大家知道怎麼跑也躲不了，趕緊叫計程車，連夜趕回屏東，凌晨二時默默潛入宿舍，結束驚險之旅。

這是吳俊良在美和求學期間，做過最「荒唐」的一件事。

在美和待了六年，「對我的人格成長有很大幫助」，吳俊良說，「小時候看到學長抽菸被處罰打巴掌，讓我學到聽話，直到現在，抽菸、喝酒、吃檳榔我都不會」。

雖然是小細節，但吳俊良說：「學長、老師、教練交代的事情要完成，技術可以靠每天訓練成長，但人格是內在默化的，雖然還是有人會繼續（抽菸等），但我只要不做，就不會被處罰。這種性格養成，對往後人生有很大幫助。」

因為從小就是主力球星，吳俊良知道自己身分不大一樣，「可能會是其他人的眼中釘，聽話就好」。國一剛進去美和，李瑞麟就當著所有球員面前對吳俊良說，「你去B隊」，國二，國三有廿五人，他更是A隊保障名單，「我知道，不能強出頭，一直很小心」。

直到進入職棒當球員、教練，這些觀念跟著吳俊良，「現在當教練，我當然會先看球員的能力，但如果大家技術都差不多，就會看態度」。

吳俊良說：「以前自己能力好、態度也好，一路走來沒有很崎嶇。」一直以來的培養、保持的正確觀念，讓他更加感念美和。

球場吸塵器——郭建霖

職業球員時代有「球場吸塵器」美譽的郭建霖，在三壘防區滴水不漏的美技演出，至今仍是很多老球迷的共同回憶，但很少人知道，「吸塵器」站三壘，其實是個美麗的錯誤。

郭建霖國三才從高雄立德青少棒轉到美和，「那時有一位學長去打南部七縣市比賽，被選到美和，回來後介紹我去那裡唸書」。

剛到美和時，青少棒隊教練是李瑞麟，曾紀恩在帶青棒隊，郭建霖第一個感覺就是，「大家都很努力、競爭，一隊有三個年級四十五人左右，練球感覺和過去待的球隊完全不同」。

郭建霖剛到美和，就對董事長徐傍興印象深刻，「他年紀比較大，但人很好，早上運動完會走到餐廳吃飯，看到球員就幫我們加油」。

郭建霖說：「董事長會刻意去看我們的菜，如果感覺營養不夠，他會立刻叫廚師加菜，叫我們多吃一點，感覺就是對選手很照顧的長者，有時候下午也會到學校，坐在場邊看我們練習。」

除了董事長，小時候的郭建霖，對李瑞昌也是印象深刻，「他和董事長一樣，會經常出現在學校，我們生病時就到他的診所看病，不用錢，他每次都說，打一針比較快」。

美和球員很怕去李瑞昌的診所，因為只要踏進去，一定會打針，但郭建霖說：「他跟董事長一樣，對球隊很好，出發點都是希望我們趕快好。」

1980 年青少棒拿下遠東區冠軍，郭建霖抱著獎盃。

加入美和之後，郭建霖才知道自己的不足，但那時球隊球員多、教練少，加上外來資訊不多，「很多時候要自己練，如果練得少就會跟不上，要利用晚自習之後繼續練，都要靠自己，別人幫不了你」。

還是菜鳥的郭建霖，發揮觀察力，看其他同學都會找學長跟著練，趕緊跟好大家，「大家都會看那個學長好，就跟著一起練，有時也會模仿學長的姿勢、練習量，自己去練」。

美和練完球之後，會要求球員長跑繼續訓練，郭建霖剛到屏東，還沒搞清楚環境，「出去跑步時，也不知道要往哪裡跑，只能告訴自己，一定要跟上，不然會找不到學校，但卻跟到一個跑很快的學長，我回來後都快要吐了」。

學弟找學長當目標，郭建霖跟著學長陳正中訓練，「那時他是高三，體能很好，一公里來回衝都不累，我心裡想著，怎麼會碰到體能這麼好的學長」。

在美和時期，郭建霖幾乎沒有娛樂，都在練習，「練完就晚上了，要趕快洗澡睡覺，隔天六點要起床晨操，陳正中五點半就會叫我起床，是很盡責的學長」。

青棒時，訓練時有分組比賽，輸的不但要請喝汽水，郭建霖說：「教官（曾紀恩）會叫輸的那一組背贏的人，跑到椰子樹那裡再回來，來回大概兩百公尺，透過這種方式練我們下盤力量。」

教練操，學長也會幫忙操，郭建霖回憶，「以前我們住在第一棟（大樓）三樓，四樓是訓練場地，學長會把竹籃裡的球倒出來、丟到四處，要我們在三分鐘內撿回來，但我們一個小時都撿不齊」。

訓練要求嚴格，美和更重視規矩，尤其是生活、品德教育，郭建霖曾經目睹學弟因為罵三字經被學長處罰，「叫他把球挾到腋下、擺出像茶壺的姿勢倒水，但起來的時候球不能掉下來，只要掉球就重來一直做」。

學弟罵髒話，是最容易被學長處罰的時候，「只要被學長聽到，就會叫罵人的去拿一條全新牙膏，被罵的人去拿牙刷，讓罵髒話的人一直刷牙，牙膏刷完才能去睡覺」。

在美和當學長的角色吃重，除了幫忙訓練，還要糾正學弟不好的習慣，郭建霖高三時和十二位青少棒隊學弟一起住，「寢室要保持乾淨，如果髒了，就會處罰他們晚操，從升旗台跑到校門口，至少十五趟，回來後很快就睡著了」。

郭建霖說，美和學長不會打人，但不對就要處罰，「只要不犯錯，學長不會找麻煩，犯錯就完蛋了，想盡辦法操你」。

郭建霖在國中時專職捕手、二壘手，出賽機會比較少，「剛到國中排不上先發，高二時才開始比較多」，但一開始也是替補上場，直到一次「意外」發生。

「有一次練習，我守二壘，站三壘的同學漏球，教官叫學弟去守，又發生暴傳，兩人馬上就被換下去，教官看場上剩我一個人，就叫我去三壘，居然沒出事，從那次開始，就一直守三壘」。

郭建霖之後進入職棒，防守三壘滴水不漏，被球迷稱為「球場吸塵器」，他笑笑地說：「一切都是不小心造成的。」

學生時代在美和待了四年，「那時才知道要怎麼面對棒球訓練，不練不行、會跟不上，看人家練什麼，就跟著去練，這個觀念帶到台電、當兵，甚至職棒，打不好的時候，就會自己去訓練」，郭建霖說，「美和教給我很多東西，跟人家競爭時，要怎麼充實自己、怎麼贏人家」。

一九八一年，郭建霖在中華盃青棒球賽拿到打擊獎第一名、王貞治特別獎，八二年入選羅德岱堡中華青棒隊、委內瑞拉青棒邀請賽中華隊，八三年再獲選IBA世界青棒賽中華隊、羅德岱堡青棒賽中華隊。

第三章

三十而立新秀輩出（一九九〇～二〇〇〇）

1990 年青少棒隊。

1990 年青棒隊。

中華隊凱旋歸國後接受獻花。（李淑梅提供）

美和參加金龍旗青棒賽，當時出 TVBS 贊助。（陳俊合提供）

黃文生回美和帶隊，期間也帶著球隊拿下中華代表權。（本人提供）

1991 年世界青少棒賽冠軍。（馮勝賢提供）

一、學生棒球強權代名詞
「美和幫」中職揚威

進入一九九〇年代後，美和中學迎來隊史上最後的輝煌時期，一九九〇、九一年，青少棒隊與青棒隊都在ＬＬＢ世界青少棒與青棒賽奪冠，加上中華少棒隊同時也拿下冠軍，連兩年獲得「三冠王」頭銜，美和無疑是學生棒球強權的代名詞，卻也是美和第三個、最後的黃金十年。

一九九〇年由王恩鵬率領的美和青少棒隊，先在國內選拔賽擊敗榮工、華興等球隊，獲得ＬＬＢ世界青少棒賽中華隊代表權，當時的十四名球員將士用命，先在遠東區連兩場以懸殊比數擊敗關島打入世界賽，之後再四連勝取得冠軍，且這四場比賽僅讓對手拿下一分。

同年，由鍾重彩率領的美和青棒隊也擊敗榮工、華興與俊國，取得ＬＬＢ世界青棒賽代表權，以中華藍隊身分出賽，但這年開始，世界少棒聯盟允許六名參加ＬＬＢ青棒賽的球員，可同時參加ＩＢＡ舉辦的世界青棒賽，因此，美和還支援三名投手給中華白隊。

不過此支青棒隊的實力完全沒有受到影響，從容地過關斬將擊敗對手拿下冠軍，再加上已經獲得冠軍的中華少棒隊，成為繼一九八八年後、再度奪得三冠王的年度，也是台灣史上第五次。

中華職棒在一九九〇年開打，這批青少棒或青棒球員，有不少人後來進入職棒場上獻技，接著更有多人成為教練，無論是在比賽場上、或提攜後進，都不遺餘力。

一九九一年，美和青少棒與青棒隊再度在選拔賽脫穎而出，取得LLB青少棒與青棒中華隊代表權，不過教練團做了部分更動，青少棒由唐昭鈞率隊，青棒則為王恩鵬（實際掛名青少棒與青棒總教練）。

這年比賽令外界印象深刻，主力投手洪佩臻出賽三場，投十七點一局、送出十六K、僅失兩分責失分、防禦率一點一九，且在冠軍戰對委內瑞拉隊敲出棒球生涯第一發全壘打，助中華隊以八比二獲勝，榮膺最有價值球員並入選明星隊。

中華隊在冠軍戰除了洪佩臻表現搶眼外，打第一棒的陳慶國在一局上轟出陽春砲，幫助中華隊先馳得點，洪佩臻在第二局補上陽春全壘打，陳俊和在第四局轟出滿貫砲，都是贏得冠軍的大功臣。

中華（美和）青少棒隊也在同時間擊敗對手拿下冠軍，加上台中大仁國小在世界少棒賽奪冠，台灣第六度拿下世界棒球賽三冠王頭銜，但也是最後一次。

一九九二年，美和青少棒雖有來自台東泰源的強打高健龍、張泰山加入，兩人在選拔賽中分別拿到打擊獎第一、第三名，但整體戰績不如屏東鶴聲與台南復興，只拿下第三名，中斷連四年獲得中華隊代表權資格。

美和青棒隊在新任總教練黃文生帶領下，拿下ＬＬＢ世界青棒賽中華隊代表權，且陣中有吳俊良、蕭任汶、曹竣崵與高玉龍四名強投，被看好能拿到自一九八九年起、以美和為主體的中華隊四連霸，更要挑戰一九八七年起、中華隊在此比賽的六連霸。

八月十六日首戰波多黎各，黃文生推出吳俊良先發，前六點二局沒有被對手敲出任何安打，也沒有投出保送，讓波隊打者一籌莫展，但二壘手倪國展在處理應該可以讓打者出局的滾地球時發生失誤，讓他無法締造罕見的「完全比賽」紀錄，但最終仍創下無安打比賽的佳績。

當下吳俊良並沒有責怪隊友，而是說：「生氣有什麼用，他又不是故意的，只要好好面對下一個打者就好，只是這時候我才開始緊張起來。」

雖然首戰拔得頭籌，中華隊在本屆賽事打得並不順利，最終僅獲第三名，衛冕夢碎，許多球員難過落淚，曹竣崵表示，出國比賽每個人的壓力都很大，因為身上背負著美和的招牌，沒有人想要輸球。

自一九九二年之後，美和無論青少棒或青棒隊，再也沒有拿下任何ＬＬＢ世界少棒聯盟比賽的中華隊代表權，但在一九九六、二〇〇〇年二度奪得由國際棒球總會（ＩＢＡ）舉辦的世界青棒賽中華隊代表權，只是這兩屆比賽中華隊皆無法擊敗宿敵古巴，各獲得亞軍、第五名。

另外，美和也在一九九三、九四與九八年，取得ＩＢＡ世界青少棒中華隊代表權，一九九三年第四屆ＩＢＡ世界青少棒賽，更是爭議極大的比賽。

中華隊當年在預賽取得八連勝，最後一場以二比四敗給巴西，兩隊之後在冠軍戰再度交手，在裁判明顯偏袒下，中華隊二比三落敗、屈居亞軍，讓許多球員淚灑球場，當時在陣中的彭政閔，對此印象深刻。

冠軍戰之後，擔任主審的南韓裁判遭球迷毆打，另外兩位巴西籍裁判也向中華隊道歉，就連南韓隊教練都認為同國籍的主審判決有誤，中華隊遭到不公正對待。

不過隔年美和再度拿下ＩＢＡ青少棒中華隊代表權，擔任總教練的黃文生回憶起那年狀況，至今仍覺得不可思議。

黃文生說：「一九九四年選拔賽，我們只有兩位投手紀明廷（後改名為紀諺廷）與曾建雄，只好把國一的沈鈺傑也拉進來，對手台中中山國中、台北縣榮工、高雄五福都是強隊，尤其是中山，林威助還在球隊，我們原本沒有預期可以贏，沒想到卻靠兩位投手拿下冠軍、取得代表權，我打電話回去跟王（恩鵬）教練報告的時候，連他都不相信。」

之後以美和為主體的中華隊赴墨西哥比賽，首戰敗給多明尼加，雖然之後連勝兩戰，卻又以〇比二輸給巴西，再遭古巴以一比〇完封，最後以八勝三敗、預賽第四名成績打入四強，但四強賽又以〇比七、四比五分別輸給古巴與巴西，獲得第四名。

曾在一九八五、八七、八八年入選中華隊的蔡榮昌，一九九六年與昔日教練黃文生攜手帶隊，參加ＩＢＡ世界青棒賽，冠軍戰以五比六輸給古巴隊，「我回美和當教練第二年，青少棒隊有潘威倫、吳偲佑等人，拿到選拔賽冠軍」。

蔡榮昌曾在二〇一九年短暫回母校協助帶隊，他說：「相隔十幾年再回來帶隊，穿上美和球衣的感覺就不大一樣，有一種更重的使命感，畢竟時空環境不同，情緒感覺很複雜。」

而一九九八年的ＩＢＡ世界青少棒賽，美和陣中有吳偲佑、潘威倫一左一右兩名強投，原本被看好可以拿下冠軍，美和也一路過關斬將，預賽五戰全勝晉級八強，之後分別擊敗日本、委內瑞拉闖進決賽，卻在最後冠軍戰以十比十一落敗、僅獲亞軍，但這已是美和青少棒隊到二〇〇八年解散前的最佳成績。

現任富邦悍將球團球探的沈鈺傑，就讀美和時期雖從未參加以美和為主體的國家隊，但也在一九九六、一九九八年因為傑出表現，入選第七屆ＩＢＡ世界青少棒賽，及第三屆亞洲青棒賽國手，並分別獲選最佳投手及明星隊一壘手，為美和爭光。

尤其在一九九八年，台灣青棒界所有目光都放在郭泓志、曹錦輝、張誌家等人身上，沈鈺傑雖以投手身分入選，但因具備優異打擊能力，在賽事也擔任一壘手，與松坂大輔領軍的日本隊，及白磋承為主的韓國隊進行大戰。

沈鈺傑說：「其實，我在一九九五年IBA世界青少棒賽時就跟松坂打過，那時我們以十六比十一贏球，後來有一次在吃飯場合，他還跑過來問我們是不是中華隊的球員，我們回答是以後，他就說，好，那以後只要對上中華隊，我一定要擔任先發。」

果然，在一九九八年的亞青賽，松坂與郭泓志大戰，最後中華隊在延長賽以一比二落敗屈居亞軍，之後一九九九年與二〇〇三年亞錦賽、二〇〇六年第一屆經典賽，松坂都對中華隊擔任先發投手，且全拿勝投。

自一九九一年後，美和再也沒有在國際賽中拿下冠軍，但這十年間卻誕生了許多台灣棒球界重要的球員與教練，更在國內棒球最高殿堂的職棒界，有著舉足輕重的角色。

一九八八年進入美和就讀的馮勝賢，在國中前兩年並不起眼，也從未入選過A隊陣容，就讀美和六年間，僅在一九九一年獲選LLB世界青少棒賽國手，也幫助中華隊打下冠軍。

馮勝賢退伍後進入職棒兄弟象隊，球員生涯結束轉任教練，接著更成為中華職棒聯盟秘書長，憑藉毅力拿下博士學位，他說：「以前人家都會說，華興球員會讀書，美和球員都不讀書，但我現在也可以驕傲的說，美和出身的球員也會讀書，還能念到博士。」

而與馮勝賢前後屆的陳瑞昌、陳瑞振及高健龍、高國慶，甚至後來的吳俊華、吳俊良等，都是國內職棒圈著名的兄弟檔球員，更成為佳話。

之後進入美和就讀的張泰山、彭政閔到潘威倫、沈鈺傑等人，都對棒球界產生極大影響；張泰山至今仍是中華職棒各項打擊紀錄的保持人，而形象、球技兼備的彭政閔，更成為近二十年來、提振職棒氣勢的重要人物，「美和幫」在棒壇撒下的種子，慢慢開花結果。

二、沉重負擔找出路 企業贊助及時雨

美和中學棒球隊儘管擁有深厚歷史與傑出戰績，但青少棒、青棒隊球員合計六十人上下，球具裝備、食宿、與外出比賽交通等費用，對學校來說都是沉重負擔，因此在董事長徐傍興過世後，向外尋求奧援也成了不得不的模式，而從一九九一至二〇〇一年這十年間，有三家民間企業慷慨解囊贊助球隊，舒緩了校方壓力。

當時國內青棒隊已經獲得企業贊助的學校，分別為中華中學（榮民工程處）、新民高中（俊國建設），皆有源源不絕的資源可運用，反而是「南美和、北華興」兩支傳統棒球學校，不是面臨經費不足，就是招生不順問題，棒球隊存續面臨嚴酷考驗。

時任美和青棒總教練的李瑞麟表示，學校財力比不上榮工與俊國，長期支持球隊已經備感吃力，希望有熱心的工商界投入，繼續為國內棒壇培育優秀選手。

而在有心人士奔走下，一九九一年三月九日，義美食品公司與美和中學簽訂建教合作合約，雖然沒有透露每年的贊助金額，但推估大約每年四百萬元，為球隊注入及時雨。

與棒球運動沒有淵源的義美公司，當時抱持單純支持棒運的想法贊助美和中學，且認為棒球已成為我國的全民運動，值得繼續推展，因而投入經費。兩天後，第一屆王貞治盃青棒賽開打，美和棒球隊球員全部穿上「義美」的球衣，與榮工、俊國與華興隊一決高下，最後獲得第二名，美和投手蕭任汶獲選為最佳選手。

當年ＬＬＢ（世界少棒聯盟）舉辦的第廿四屆世界青棒賽，中華隊國手中超過一半、有十三人是美和球員，最後拿下冠軍，義美隨即加碼提供棒球獎學金，希望鼓勵青少年棒球選手，除球技外，也要注重學業，並在全省門市舉辦產品打八折活動，掀起熱潮。

義美與美和的合作效益良好，也讓許多民間企業願意投入支持基層棒球隊，隔年的青棒秋季賽，十二支參賽球隊中，就有九隊獲得贊助，除義美、榮工與俊國（後由俊寶證券接手）外，還有中廣公司（花蓮國光商工）、中國信託（台北體院）、君太貿易（屏東中學）、萬家香醬油（台東農工）等，每年總贊助金總和超過兩千萬元，相當可觀。

一九九〇年中華職棒開打後，經過幾年的熱潮產生磁吸效應，開始影響到青棒贊助廠商意願，許多企業紛紛將經費轉投有更高曝光度的職棒，卻也讓青棒球隊再度開始面臨危機。

義美與美和建教合作持續到一九九五年，一九九六年贊助部分經費，一九九七年開始，停止贊助台東農工青棒隊的萬家香轉而支持美和中學，過了三年後再度終止合作，一九九九年美和再與年代ＴＶＢＳ建教合作。

台灣在這段期間，也因為職棒陸續爆發賭博、放水事件，連帶使得企業對於贊助所有的棒球運動出現疑慮，讓亟需支援的基層球隊產生新危機。

一九九九年一月廿八日，美和在傑出校友、時任台灣大聯盟聲寶太陽隊總教練的趙士強奔走下，找上ＴＶＢＳ董事長邱復生，他也慷慨允諾贊助球隊簽下三年建教合約，每年贊助兩百萬元、四十套球衣，緩解因萬家香企業中斷合作後，球隊所陷入的危機。

邱復生當時表示，那段期間是台灣棒球最困難的時期，不少企業都對贊助棒球裹足不前，但美和中學是自己小時候景仰的棒球名校，現在能夠站出來幫助美和，也算是圓了小時候的夢想，而ＴＶＢＳ會支持美和，更是希望能夠達到拋磚引玉的效果，看能不能讓更多國內企業再度支持青棒球隊。

ＴＶＢＳ贊助美和到二〇〇一年結束，此後國內青棒球隊再也沒有企業冠名贊助或是建教合作，且台灣棒球界環境已經與過往完全不同，基層球隊也面臨了更嚴苛考驗，在苦無援手情況下，能夠堅持下去、持續為基層球界培養優秀棒球人才的學校也更難能可貴，包括至今仍在屏東地區默默培養選手的美和。

三、人物故事

棒球場出博士——馮勝賢

「在我就讀美和中學的日子裡，除了非常感謝王恩鵬教練讓我瞭解到何謂

馮勝賢高中時期出賽畫面。（本人提供）

『剛硬』的精神外，更讓我學到擇善固執，無論是在球場或是人生，都不能有投機的心態，努力去做才有機會。」

現任中華職棒聯盟秘書長「老邦」馮勝賢，一九八八年進入美和中學，儘管現在位居高職，卻沒有一日忘記自己當年是如何從差點被球隊放棄的棒球人，一步步靠著努力成為美和棒球隊畢業的第一位博士。

馮勝賢是一九八八年威廉波特少棒賽冠軍隊的成員，但這頭銜並沒有對他在往後的棒球路有太多助益，當大多數隊友被找去中山國中就讀時，他只能徬徨等待，直到原本的教練鍾重彩被禮聘到美和後，他母親才趕緊拜託鍾教練，讓這名身形相對嬌小的子弟兵能一同到屏東唸書打球。

回憶起那段日子，馮勝賢至今依舊難忘，他表示，自己並非突出的選手，因此不像其他人唸書可以所有費用全免，而是需要繳伙食費，且當初不知道學校到底還需要什麼花費，身上僅有五百元，要買棉被、制服、運動服等裝備，在手頭不足、母親又不在身邊情況下，只好先跟同學的媽媽借，才勉強能支應所需。

在美和生活的日子裡，各項規定都相當嚴格，加上球隊實行學長學弟制，讓他一開始的國中生涯並不輕鬆，他說：「國一時，某次好像是學長抽菸還是犯了什麼操行的錯，王教練非常生氣，集合的時候，當場用雙手把學長的卡其制服撕破，這對我來說是震撼教育。」

馮勝賢表示，王恩鵬教練和學校都不斷強調，美和球員不是只有棒球技術，品性最重要，只要有人犯錯，教練就是修理學長，畢竟運動選手需要做大家的表率，且運動員比一般學生的體能來得好、更有力氣，就算當年有時學長會跟美和村的「少年仔」起衝突，但教練事後一定會懲罰動手的學長。

他說：「我們那時學長學弟制雖然重，但還蠻有傳統的，而且有很多高一學長對我不錯，他們幫我取了兩個綽號，一個叫『古錐』、一個叫『骨頭』，大概是因為我又瘦小又可愛吧，剛進去的那時候都是觀摩比較多，印象就是，很像當兵。」

升上國二後，中華職棒成立，讓馮勝賢開始感覺自己打棒球有目標可以追尋，且隔年時報鷹隊球員就到學校春訓，讓他對當職棒球員有了憧憬，更明確知道，原來打棒球可以是一種工作。

只是，夢想與現實畢竟還是有落差，馮勝賢在國一、國二因為實力不足，無法進入有機會到外面比賽的A、B隊，升上國三後，如果再沒有成績或當選國手，可能無法直升高中，讓他有了危機意識，開始加強體能。

他表示，因為剩下最後一年，只好拚命強化身體，除伏地挺身外，每天晨操也會多跑一點，大家在休息的時候，會多做體能訓練，上場就不斷告訴自己，「有球來我就撲，球

馮勝賢高中時期比賽照片，二排左1。（本人提供）

衣一定要黑掉、才代表我有來球場練球。」

可能是這樣的精神感動了王恩鵬，最後將他選入A隊，順利成為一九九一年第卅一屆世界青少棒賽國手，最終拿下冠軍，如願升上高中部，但這也是他美和時期最後一次當國手。

馮勝賢說：「我知道我當學長的時候很機車，恰恰（彭政閔）一定也這麼認為，但我都是以身作則，任何事情我都是自己做到後、才會要求學弟，從技術到品性都是，學長學弟制不是不好，而是要以身作則、不是用嘴巴講，美和奠定了我這些觀念，所謂擇善固執，到現在我也是一樣的作法，沒有堅持與固執，我無法撐到現在。」

馮勝賢表示，很訝異美和青少棒隊解散，因為球隊環境不錯，但為何無法堅持，這是主事者、所有美和人的責任，他說：「我當然贊成球員要多唸書，這也是我當初在打球時的最大遺憾，現在如果能夠學業與棒球並重，或許可讓棒球隊呈現更多精神，我們沒有要奢望球隊恢復到以前那麼有名的狀態，但精神一定要維持下去，『雄霸棒壇』是一種使命感，美和人一定要傳承學長打下的基礎。」

看盡球隊興衰——黃文生

現任台北大理高中青棒隊總教練的黃文生，不但是美和中學畢業的學生，高中畢業後也返回母校任職總教練，球員加教練生涯在美和奉獻超過廿年，見證了學校棒球隊的興衰。

黃文生表示，以前在美和當選手的時候印象很深刻，那時是曾教官（紀恩）當總教練，另外還有剛從空軍退伍的王子燦教練，李瑞麟老師則是教國中部，也兼任屏東當時的少棒隊教練，不過真正在帶球隊的只有兩個，所以大部分還是由學長在帶學弟。

「雖然大部分是學長在帶，但其實教練也都在看，曾教官是那種有日本精神的教練，罵人真的非常兇，李老師也很兇。」

剛進美和的學生，在國一不能拿球棒，整年都要幫助學長練球，不過學長也很照顧學弟，黃文生表示，自己剛到美和時，都是受到黃文明（已逝）及羅國章照顧，尤其是黃文明，因為兩人名字只差一個字，「大家還以為我是他弟弟」。

黃文生入選 1984 年羅德岱堡青棒代表隊。（本人提供）

一九八四年黃文生從美和畢業，先進入文化大學就讀，唸到一半休學，之後業餘台電、合庫隊都向他招手，當年只要具備國手資歷，加入半年就可以成為正式職員，福利相當不錯，但他卻選擇跟黃文明開體育用品社，年紀到了就去當兵，他開玩笑表示，自己當初做了錯誤選擇。

「我一九八四年文化讀到一半、辦休學回來當助教兼球員，那時李瑞麟老師要帶高中部球員，又要兼上體育課，剛好我年紀還符合、可以下場比賽，乾脆就不唸了，回來幫忙帶學弟，結果還打入在加拿大舉辦的第四屆ＩＢＡ世界青棒賽。」

入伍後，黃文生先幫陸軍隊打球，之後調往空軍回到屏東老家，又趁著空檔回美和當助教，甚至還打破當兵不能出國的慣例，在一九八八年以教練身分帶領中華紅隊出國。

退伍後，黃文明先到高雄五福國中當一年教練，再回屏東體育用品社幫忙，他說：「有一天王（恩鵬）老師傳 BB Call 給我，我一看號碼是 7795108，心想，怎麼會有美和的傳訊息給我，我打回去後是王老師接的，他說：『文生啊，（李）老師叫你回來一趟。』我以為是開玩笑，沒有理他。」

沒多久，BB Call 再度傳訊，黃文生回撥後，是李瑞麟親自接的電話，劈頭就說：「文生仔，你給我回來。」原來是因為鍾（重彩）教練回台中帶球隊，美和需要人幫忙，當年九月，他正式回母校擔任教練，薪水一萬五千元起跳。

當時李瑞麟已經開始為時報鷹進軍職棒而忙碌，美和就由王恩鵬與黃文生負責，也適逢義美贊助球隊，讓黃文生的壓力不小，碰到問題馬上去問李瑞麟，在邊學邊當教練的情況下，他在一九九二、二〇〇〇年率領美和拿到第廿五屆羅德岱堡及第十九屆ＩＢＡ世界青棒賽中華隊代表權，最後分獲第三、第五名。

學生時期與教練時期的美和，在黃文生心中，除了硬體設備有改善外，基本上沒有太大差別，他表示，以前當學生時當然沒有冷氣，那時住在住宿生的第一棟三樓，高一時才搬到傍興館旁的宿舍。

他說：「後來當教練，一九九六年有一次比賽在美和集訓，因為沒有冷氣，彭政閔跟黃欽智兩個人跑來跟我說：『教練，我們兩個很熱啦，沒有冷氣吹，可不可以去你家住，你再載我們來練球？』我還真的答應了。」

但硬體並非棒球員最重要的事情，黃文生認為，美和球隊最大的特色就是永不服輸，很多比賽都是逆轉勝，從自己還是學生的時候就是如此，就算學長很兇、老師也會揍人，但大家的凝聚力都很好，這是最重要的事情。

美和自二〇〇〇年黃文生率隊拿下最後一次的國家隊代表權後，近廿年來參與國內大小賽事，最好名次僅第六名，也從過去傳統棒球名校逐漸沒落，經費始終是最大問題。

他認為，以前在老董事長支持下，國中加高中近六十名球員都是公費生，董事長每年都花了許多錢在球隊身上，後來因為經濟狀況沒這麼好，球隊也受到影響。從公費生十二個，半公費十四個，到後期的八個公費生、四個半公費生，因此在招生上一定會受到影響，這也是球隊最需要解決的問題。

有苦有甜——張泰山

中華職棒全壘打王、也是多項打擊紀錄的保持者張泰山，一九九〇年從台東鹿野國中轉學到美和中學，雖然高二時因練習抄近路遭退隊，讓他高三無法參與比賽，但在美和這段期間，生活依舊有苦有甜，成為他的寶貴回憶。

張泰山高中時期。（本人提供）

「大部分學長真的很兇啦，不過教練對我都不錯，像是王恩鵬教練，還有李瑞麟總教練，雖然那時候他已經在帶時報鷹，但每次來球隊時，都會特別對我噓寒問暖，可能是因為我從台東來，會有那種讓我明顯感受到的關愛眼神，每次看到李老師，我們都把他當作總統，每個人都會立刻站起來。」

從小就在台東長大的張泰山，泰源國小畢業後原本要到華興就讀，卻未獲得青睞，只能先到鹿野國中，隨後再透過介紹輾轉到了屏東美和，但抵達學校後，球隊的儉樸環境，竟讓

張泰山（左 1）高中時期。（本人提供）

這名出身台東偏鄉的小朋友感到驚訝。

張泰山表示，因為美和球隊很有名，一開始以為訓練環境會相當完善，但到了之後發現，這邊就是很純樸的鄉下，除了練球跟唸書外，沒有其他地方可以去，「我跟高健龍都從台東來，也沒辦法時常回家，就把學校當成自己的家。」不像其他同學遇到比較長的假期可以回老家，張泰山與高健龍每次碰到長假，因為阮囊羞澀，只好跟教練表示想要留在學校。球隊雖可提供住宿，但吃飯、零用等花費，還是要自己籌措，兩人就會到外面工地打工賺取些許零用錢。

美和有學長學弟制的傳統，張泰山認為，在球隊中，很多學長對學弟非常嚴厲，有時候也會做一些逾越訓練的懲罰方式，自己升上學長後，反而採取比較溫柔的方式來對待學弟，他說：「那時候被操，心裡會有點不舒服，我不知道會不會對別人造成陰影，可能因為我算乖，學長對我相對沒那麼兇，但其實也有一些學長對學弟很好。」

張泰山也瞭解，球隊像社會的縮影，就是適者生存，更因為學長、教練都很嚴厲，反而讓美和出身的學生都具備尊師重道，及看重輩分的良好傳統，後來出社會，讓自己很受用。

回憶起印象最深刻的比賽，張泰山毫不思索地說：「我記得高二第一次當選A隊，從年初一路贏到年尾，大家都說我們是超級強隊，去打選拔賽入選國手絕對沒問題，結果，在選拔賽第一場就輸給華興B隊，這是我高中唯一一次可以當國手的機會，後來躲在房間裡掉眼淚，感覺很失落。」

至於當年的退隊事件，張泰山已經升上高三，某天早上晨跑，他與高健龍、邱仁雄、何紀賢、戴龍水跑在隊伍後面，在經過一條捷徑時，原本他與高健龍沒有要抄近路，但後面同學說：「回來一起走，如果被退隊，大家一起被退，高三了要團結。」

張泰山折返回來抄近路，但王恩鵬剛好騎機車經過，看到學生投機行為，非常生氣，不但要求他們再跑一遍，還直接要求他們整理行李離開球隊，就算已轉任時報鷹隊總教練的李瑞麟，得知此事後幫忙求情也沒用，這五人只好在高三離開球隊，進入時報鷹球隊延續棒球生涯，但仍順利在美和完成學業，成為他棒球路上的插曲。

美和棒球隊現在碰到的招生困境，張泰山認為，是很多因素加在一起，才演變成這樣的情況，例如少子化、還有愈來愈多學校成立球隊等，再加上學校近年比較注重升學，他說：「我的感受是，如果熱情已經不再的時候，的確會碰到這樣的難題，如何重拾大家對棒球隊的熱情，才是關鍵。」

紀律磨練自律——蔡昱詳

現任樂天桃猿隊教練的「貓哥」蔡昱詳（原名蔡泓澤），少棒時期為嘉義朴子國小成員之一，與美和沒有淵源的他，原本國小畢業後要放棄棒球，卻因為李瑞麟老師親自到朴子拜訪，才把當年（一九八二年）部分參與威廉波特少棒的成員帶到屏東美和，延續了這批球員的棒球路。

「我國一時已經沒有打球，國小畢業後，因為嘉義沒有國中球隊，也不知道要去哪裡打，我不知道能不能繼續打下去，就像我們鄉下人說的，打球沒前途、又沒保障。後來李老師來找我們，家人同意我繼續打，才收拾行李到美和報到。」

蔡昱詳對美和的第一印象，就是傳統的棒球強隊，但報到第一天就感受到非常強烈的學長學弟制，他說：「直到現在，對第一天發生的事情，依然印象深刻。練完球後回到宿舍，看到床邊有五、六套球衣，還有釘鞋丟在那裡，我很納悶地問學長：『賢拜，為瞎密衫攏但底加（為什麼衣服都丟這裡）？』學長說，丟在這就是要叫你洗的意思啊，所以我每週休息時間都在幫學長洗衣服、擦釘鞋。」

這情況一直到蔡昱詳上了高中後才適應，到了高三接隊長職務後，他就直接明白的告訴其他人，不可以再要求學弟做這些事情。

當年棒球訓練環境與現今不同，嚴厲的打罵教育是必備條件，蔡昱詳表示，李老師真的非常兇，只要比賽輸球，所有人就都在休息室排一排，老師會叫隊長先出來對球員打耳光，如果打得太小力，老師就會親自動手。

「我那時候不會覺得委屈，當時心想，合理的要求是訓練、不合理的要求是磨練，而且我們那時候很多在帶學弟的學長都是軍中出來的，王（恩鵬）老師也剛退伍，把我們這些年輕人當阿兵哥在操，只要你皮，一定都會被打。」

儘管蔡昱詳受教於李瑞麟的時間並不長，之後陸續由張泓、王恩鵬等美和畢業的學長來率領球隊，但他對李老師的印象還是非常深刻，尤其是每天早上晨操前，大家本來都賴在床上不起床，只要聽到摩托車的聲音從遠處傳來，馬上自動爬起來，完全不用鬧鐘。

但蔡昱詳認為，這樣嚴格的管理方式，反而讓自己獲得成長，因為你必須要自律，很要求自己，才能符合老師設下的標準，當時從起床、吃飯、練球、就寢，幾乎都是按照課表完成，稍微出差錯就會被修理，大家都很懂得自律，這也造就了只要是美和出來的選手，都非常認真。

蔡昱詳表示，只要仔細觀察，現在職棒圈內很多球員、教練都是美和出身的選手，這就是因為當年認真與自律的態度，才能讓許多美和校友一直持續在棒球場上，自己現在到球場，就是非常認真地訓練球員，不會有絲毫放鬆的心態。

「在美和最難忘的就是一直在幫學長洗衣服，足足洗了兩年，現在回想起來很好玩，當時卻很痛苦，每週休息時間就是在洗衣服，但我從來沒有想要退隊的念頭，當年我爸爸帶我去美和時，跟教練講了一句話：『我這孩子來這邊如果不乖你就打，如果有不對的地方就打。』現在怎麼可能，時代不一樣了，但也就是這樣磨練出我們的韌性，美和選手才懂得自律，不可能去做錯誤的事。」

進入職棒圈後，蔡昱詳從球員到當教練，轉眼間離開美和已經卅二年，這期間雖陸續有返回母校看看，但因時間不多，只能趁空檔回去繞繞，前一次回去已經是陳瑞振當總教練的時期，他說：「真的感覺到現在與過去差很多，以前有老董事長在支持，球隊比較寬裕，也能招到好手，現在要靠外面的贊助與幫忙，大家只能多努力了。」

第四章

四十年危機與轉機（二〇〇〇～二〇一〇）

一、青少棒走入歷史
青棒守護美和精神

美和中學棒球隊在一九九一至二〇〇一年間，雖獲得民間企業奧援，但隨著大時代腳步不斷往前，全台各地青少棒、青棒隊陸續成立，新興棒球強權學校如桃園平鎮高中、新北市穀保家商等出現磁吸效應，讓球員們不再視「南美和、北華興」為依歸，招生日益困難，也逐漸走向沒落。

一直與美和中學扮演著國內基層棒運推手的華興中學，在二〇〇三年拋出停招國中青少棒球隊球員的震撼彈，且校方決定在二〇〇七年球員都畢業後，讓青棒隊走入歷史，引發國內棒壇一陣譁然。

美和中學棒球隊的情況，不比華興好，一九九八年八月一度因財務拮据打算結束棒球隊，當時靠校友趙士強居中協助，獲得年代ＴＶＢＳ贊助，勉強讓球隊繼續下去，但好景只有兩年，合約結束後，美和依然面臨經費不足的窘境。

美和自二〇〇一年第六屆金龍旗青棒賽打入八強，之後兩年幾乎沒有太亮眼的成績，加上球隊經費已捉襟見肘，二〇〇四年高中棒球聯賽（木棒組）好不容易再度打入前八強，球隊卻因經費問題、被迫搬離平價飯店，只能尋找體育場館暫住、延續之後賽程。

當時美和校長涂順振更對外發表公開信，感慨屏東縣留不住棒球人才、且缺乏政府支援的無奈。過往，屏東縣政府每年會補助美和棒球隊約五十萬元，但從二〇〇〇年之後陸續縮減，二〇〇三年剩十萬元，〇四年僅有八萬元，而在此之前，有國家資源挹注的華興青少棒隊、榮工棒球隊都已解散，美和仍以私人辦學、一己之力持續支撐球隊，更顯可貴。

為解決此問題，美和畢業的職棒球員校友們在二〇〇四年底開始募款幫助母校，職棒新軍 La New 熊隊也在二〇〇五年贊助球隊裝備，而已故的校友徐生明當年當選首任美和棒球校友會會長，希望有計畫性的協助學校，讓球隊永續。

南美和、北華興在同一時期面對經費及球隊停招問題，兩校校友在二〇〇六年一月一日，舉辦「薪火相傳爭霸戰」，號召許多當時的職業球員到場，希望藉由傳統的美和華興對決戲碼來喚醒外界對兩校棒球隊嚴峻處境的關懷，但同時間，一直對台灣青棒默默奉獻的榮民工程處，也悄悄地準備停止贊助球隊。

二〇〇八年七月十七日，美和青少棒國三球員畢業後，棒球隊僅剩下兩名球員，校方確定解散青少棒隊，步上華興後塵，同年，從一九八〇年代起就開始贊助中華中學青棒隊，並於二〇〇〇年轉而支持強恕中學青棒隊的榮工處，也停止贊助球隊，短短數年內，台灣過往的三支傳統學生球隊幾乎灰飛煙滅，僅剩下美和青棒隊苦撐，強恕雖維持球隊運作，實力也大不如前。

在二〇〇〇至二〇一〇年這十年風雨飄搖的階段，美和棒球隊就像是支只有過去榮光招牌的球隊，在全國性比賽中，青少棒層級僅在二〇〇一年奪得國中棒球聯賽（硬式組）季軍，及二〇〇四年軟式組殿軍，青棒層級則是在二〇〇四、〇八與〇九年在高中木棒聯賽打入八強，最佳名次為第六名，無法像過往一般輕易的站上頒獎台。

在任內做出青少棒隊停招決定的美和前校長涂順振表示，其實在二〇〇〇年之後，台灣各縣市有愈來愈多學校成立青少棒隊，這也是停招的最大關鍵，而且當時棒球隊已有將近一百人，要維持球隊運作的壓力很大，青少棒隊算是完成階段性任務。

涂順振說：「不僅如此，因為當時政府對各學校招收球員的制度也開始改變，不再像過去能夠輕易地招收到菁英球員，說穿了，棒球隊就是看誰的背景比較雄厚，美和後面沒有財團支持，相對也處於弱勢。」

除了經費拮据，美和會在二〇〇八年停招青少棒隊，與前一年謝國城盃青少棒賽遭受不平待遇有關，當年共有十四支縣市球隊參賽，屏東縣代表隊以美和為主體，與屏東高中、大同高中與鶴聲國中共組球隊並順利晉級。

複賽屏東以二比一、九比二擊敗台中市與台南市隊，照理要進入四強決賽應無問題，但之後的桃園與台中之戰，出現桃園疑似故意輸球的爭議，導致最後比較得失分，屏東遭到淘汰，這也成為壓垮駱駝最後一根稻草。

涂順振表示，為了把美和擠掉而出現的此種比賽情況，對於崇尚運動精神與品德陶冶的基層棒球來說，無疑是個傷害，只是學校從未有完全放棄球隊的念頭，他說：「我知道我接手學校與球隊的時候，剛好是處於低潮，但我們不敢放棄，我們知道有社會責任，如果美和就這樣解散球隊，一定是大新聞，只能硬撐下去，我們真的沒有放棄。」

而在美和棒球隊校友會成立後，許多校友開始熱心奔走，希望能為球隊盡一份心力，涂順振也著力頗深，協助制訂校友會組織章程，並積極參與相關運作，但他說：「那時候也是要靠徐生明這些老校友熱心奔走，校友會才能順利成立運作。」

儘管經費拮据，前美和棒球隊總教練李瑞麟遺孀李淑梅在校友會成立大會上說：「美和要的不是校友捐錢，我要的是你們把所有美好的記憶、輝煌的歷史留下來。」這句話點醒了所有美和棒球人，更讓大家奮力繼續讓球隊維持下去。

二、人物故事

中職先生學堅持——彭政閔

要說誰是台灣棒壇近廿年來最重要的人物，絕非「恰恰」彭政閔莫屬，二〇一九年剛從職棒球員身分退休的他，目前以中信兄弟農場總監的身分，繼續培養著年輕球員，他也是美和中學的傑出校友。

「在我心中，美和精神最重要的應該是堅持，王恩鵬教練給了我們不放棄的觀念，儘管當時的訓練、生活都很苦，以現在的眼光來看，也有很多事情不合理，但後來想想，這的確讓我的心理成長很多，更可以用不同角度去思考事情，遇到問題時，堅持你想做的事、讓自己進步，就算碰到阻礙，改變個想法持續下去，讓我到現在還很受用。」

恰恰在一九九〇年進入美和，身為高雄人的他，國中會選擇美和，與張泰山、吳明聰等同為美和校友，與他小學時當過學校助教有關，方水泉教練曾邀請他去華興打球，但幾經思考後，彭政閔決定留在南部進入美和，一方面是離家比較近，另一方面則是對美和的學長已經有初步認識。

他表示，自己進美和時，學校還算是強盛期，同屆國一球員有廿人，含高中部、六個年級加起來一百多人，而對學校的第一印象是：「怎麼學長都那麼高壯，球場比少棒時期大很多。」

儘管彭政閔在職棒時期留下了許多打擊紀錄，但剛進入美和時，連上場機會

彭政閔（右 1）高中時期出賽畫面。（本人提供）

彭政閔（左 1）高中時期出賽畫面。（本人提供）

都很少。他說，那時候自己的身高在國一排倒數第三，而且直到升上國二後，打擊的球都飛不出內野。

「升上國三後，因為大家身材都不好，李瑞麟老師本來想要放棄我們這屆，要用國二的學弟去打國三的比賽，是王（恩鵬）老師堅持讓我們有比賽機會，但我們大部分都沒有對外比賽經驗，只有三個人有真正外出比賽的機會，沒想到那年秋季聯賽打了第四名，讓我印象很深刻，也很謝謝王老師的堅持。」

談起美和回憶，恰恰有許多有趣、卻也覺得辛苦之處，他表示，王老師跟學長都很可怕，學弟也常常被學長修理，畢竟學校是學長學弟制，都要服從學長的命令，吳俊良、馮勝賢就真的都很兇，「那時候，看到學長就跟看到鬼一樣，那種生活感覺滿像地獄的，只是那時候就傻傻去做，後來畢業之後跟我爸講每天的訓練流程，我爸驚訝的說：『早知道這樣，我就不讓你去打了。』」

但也因為度過美和六年「地獄」般的生活，後來當兵，恰恰覺得部隊班長反而沒有學長來得恐怖，除了比較沒有自由時間外，當兵各項磨練都是「小case」。

在美和前兩年，恰恰與同學很多時間都在球場幫忙割草，也要兼任消防隊，他表示，因為學校垃圾場在球場後面，那時處理垃圾方式都是用燒的，很容易起火，得時時注意火有沒有蔓延，要馬上去滅火。

「現在美和用的球場，是我國一時跟著學長，還有鍾（重彩）教練、王老師一起弄的。以前球場是黑土，後來要鋪紅土、重新弄投手丘，因為那時快要過年了，弄到一半，教練叫住得遠的人先回家，只剩下我們幾個住南部的從頭做到尾，雖然累，但很有成就感，也才知道，原來弄球場需要經過這麼多程序。」

彭政閔在一九九六年從美和畢業，在他前、後三期畢業的校友中，共有四十人進入職棒，也是最為龐大的一批，他表示，因為這段時期打職棒的人很多，大家也都會在場上碰到，外面很多人會認為，我們這些美和的碰在一起會有說不完的話，這也是值得開心的事情，只是大家回想起學生時期，都一致認為很難熬。

美和在二〇〇八年停止招收青少棒後，近年青棒成績也大不如前，恰恰認為，這與贊助商減少、還有區域性選拔球員的方式都有關，美和算是偏鄉球隊，資源一定比較不足，近幾年青棒比較強的球隊如平鎮、穀保等，背後都有人大力

彭政閔中職生涯最後一場比賽。（謝靜雯提供）

支持與推廣，美和雖然畢業校友很多，但以現實生活情況來說，不是每個人經濟狀況都很好，能給學校的支援也有限，在各項條件情況下，也成為球員比較不願意到美和的原因。

「但就像我說的，很多時候碰到問題就是要改變想法，再從中找出往前進的方式，這也是美和所謂的堅持精神。」

大帥飲水思源——曹竣崵

現任台北城市科技大學棒球隊總教練的曹竣崵，一九八九年進入美和中學就讀國中部，就讀六年間不但奠定了棒球基礎，更影響到人生態度，他說：「回憶起那六年雖然很辛苦，但熬過之後，對我的人生處事有非常大的改變。」

曹竣崵一九八九年進入美和時，與其他同學不同，他與台南進學國小的同學吳俊億是當年棒球隊僅有的兩名想要繼續打球的球員，當時身材瘦小的他，並沒有獲得其他球隊青睞，因而透過吳俊億父親的關係，兩人攜手到了美和。

他說：「那時對美和第一印象並不好，因為整體生活環境並不理想，真的很鄉下，不過棒球隊從國中到高中大概有六十人，就像是個大家庭，對我這種外地來的學生，而且又不是人家邀請我來的，壓力很大。」他笑說。

美和棒球隊的生活，以現今標準來看，外界絕對難以想像，因為有比較重的學長學弟制，練球時間之外，國一球員要幫學長們洗衣服、按摩，曹竣崵一直到國三才逐漸克服、適應環境，而且最重要的原因是，升上國三後，至少在國中層級已經是學長，比賽報名也是以國三為優

曹竣崵（前排左 3）高中時期比賽畫面。（本人提供）

先，擺脫前兩年只能在場邊撿球、坐板凳的情況，稍微找到舞台，而他也在這年入選第三屆IBA世界青少棒賽國手，幫台灣拿回冠軍。

曹竣崵在美和六年期間歷經三名總教練，分別是國一的鍾重彩教練、國二至國三的王恩鵬教練，上了高中，三年都是黃文生教練，他認為，其實每位教練各有特質，雖然當下都會覺得他們很兇，但回憶起來卻相當難忘。

曹竣崵說：「大家都很怕

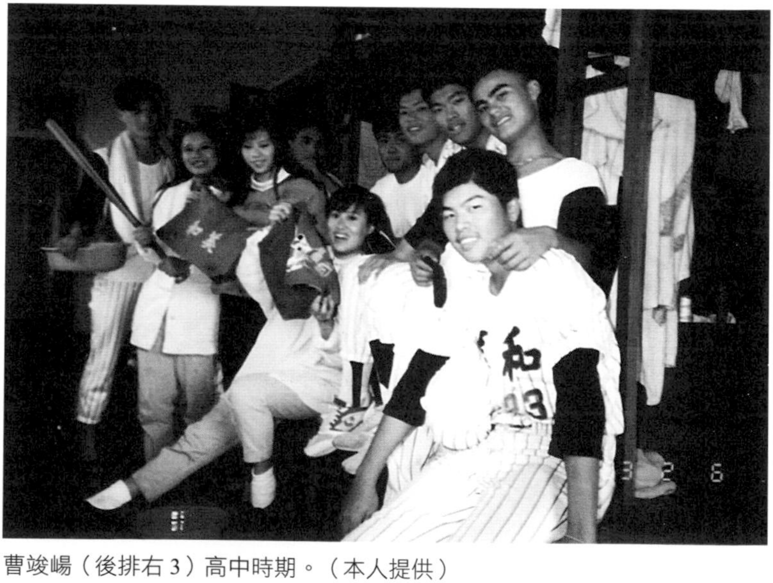

曹竣崵（後排右 3）高中時期。（本人提供）

王教練，我曾目睹他把一名衣衫不整的學生制服撕破，不過等到我們高三時，卻變得跟他最好；而黃老師年紀比較輕，跟我們年紀較接近，後期也跟他感情最好。」

對於李瑞麟教練的回憶，曹竣崵表示，剛進學校時，李老師已經是時報鷹隊總教練，平常見到機會不多，但他每次回學校都帶來很新的觀念，那年代打球的人都是講日語，但李老師卻是講英文術語，這對平常幾乎沒有在唸英文的棒球隊來說，幾乎是「鴨子聽雷」，當下無法吸收，但他跟其他台灣棒球教練完全不同的風格，讓人留下極為強烈的印象。

曹竣崵表示，在美和大家庭裡，永遠會記得練體能的時期，無論是跑椰子大道，或是跑到萬巒甚至屏東，都是難忘回憶，而且美和球員眾多，但教練只有兩人，大部分時間都是由學長帶著學弟練球，所以美和出來的學生比較有領導能力，因為那是無形中造就的，且學長要扮演教練跟選手間的橋樑，比其他球隊球員更有帶領團隊的能力。

近幾年美和棒球隊狀況不佳，青少棒隊已經解散，僅剩下青棒苦撐，曹竣崵表示，很多校友、賢拜、老師都知道球隊情況，在能力許可範圍內也都會盡量去幫忙球隊，像這幾年龔（榮堂）教練也為了贊助奔波，每個人都很掛念這件事。

「我們就是想要撐著，不能讓美和垮掉，這兩年的美和華興ＯＢ賽，我也盡量號召前後期的學長學弟回去參加，有錢出錢、有力出力，都無法的話至少要出人吧，大家找個時間回來敘敘舊也好，美和的事就是我的事，這六年讓我成長，這就是飲水思源。」

中職強打長青樹——高國慶

二〇〇八年、美和青少棒解散的那年，年底高國慶穿上美和青棒隊的球衣出席回饋基層棒球記者會，想起球隊解散、回憶小時候家裡經濟不佳，想要一只新手套是奢求，講到激動處高國慶不禁潸然淚下。

「這條路走來真的很苦，若要說天分應該只有小學，從傷痛陪伴著我之後，我就知道我走棒球這條路，要比別人更努力」，現年四十一歲的高國慶這樣笑著為棒球生涯下註解；他是中職史上本土野手超過四十一歲還有出賽紀錄的第五

高國慶出席 2019 年美和華興 OB 賽。（謝靜雯提供）

人。

高國慶少棒階段在台東打球，是台東出名的強投，他自豪的說，「那時候大家只要碰到我都會怕」，但他自曝，因為常常聽哥哥說美和中學棒球隊嚴厲的學長、學弟制度，訓練分量很重，「當時不太想去美和」，後來美和積極招手，高國慶還是跟著哥哥一同踏進美和大門。

「真的很嚴格、當然也有後悔」，高國慶笑著細數剛到美和的種種不適應，那屆只有他一人是台東原住民、聽不懂台語，卻被學長逼著要在一個月內學會台語，每天訓練分量重以外，嚴厲的學長學弟制，「一定要有禮貌，就算一天碰到學長廿次，也要打廿次招呼」。

當時南迴鐵路還沒通車，台東球員回家一趟坐巴士至少要四小時，高國慶只有三天以上連續假期才會回家，王恩鵬教練對花東球員特別照顧，高國慶一直記在心頭，「他算是我的恩師，只要不越線，場上他是嚴厲的教練，場外他就像自己的父親那樣照顧我們」。

高國慶從少棒強投蛻變成強打，其實是不得已的選擇，他表示，當時沒有保護身體的觀念，在少棒時期手臂已經使用過度，單週出賽三、四場的狀況常常出現，升上國中腰也受傷、手也受傷，尤其是腰傷，嚴重到連走路都會痛，高國慶回憶，有一次在宜蘭打選拔賽，敲出安打後痛到只能走路上一壘，還因此被王恩鵬飆罵。

很早開始，高國慶就被迫學著與傷痛共存，一直受腰傷所苦，高國慶甚至出現投球失憶症，他主動跟教練團要求專職打者，並希望可以守一壘，「一壘接球比較多，我已經痛到不知道怎麼投球了，但我對接球有自信」，真正放棄投手是高一下學期，從強投變成強打，現在回憶起來仍有遺憾。

高國慶一九九三年被選入ＩＢＡ世界青少棒錦標賽中華代表隊，一九九六年入選ＩＢＡ世界青棒賽中華代表隊，印象最深刻的是一九九三年到巴西比賽。比賽時間為八月，在台灣是炎夏、但在巴西氣溫接近零度，高國慶第一次坐飛機出國，機門一打開先被冷冽的風嚇到，到了棒球場後大開眼界，棒球場蓋在懸崖邊，熱身用的場地則是緊鄰的足球場。

正式比賽時，當地僑胞十分熱情，冠軍戰與地主巴西隊交手，還出現比賽過程中，華僑安排掛著國旗的直升機飛進球場上空的橋段；高國慶笑說，當時主審是韓國人，判決十分離譜偏袒地主國，僑胞憤怒將加油用品丟進場內，比賽數度中斷，「我們趕快制止他們，因為丟進來的東西還是要球員去撿回來」，中華隊當年以二比三輸球，據說主審賽後被僑胞圍毆，沒有奪冠的中華隊，卻由球員宋肇基抱回最大獎「最有價值球員」，同時還拿下最佳投手、打點王和全壘打王。

回憶起美和生活，高國慶對於排隊找老師領零用錢和嚴格的團隊生活印象最深，當時球員離家生活，每個月家長給小孩的零用錢，會用信封袋裝著交給老師統一保管記錄，「特定時間排隊找老師領零用錢」成為難忘回憶。

高國慶直言，美和六年教會團隊生活的紀律，一人犯錯、全員處罰，不能太自我、特立獨行，他舉例，球隊最忌諱有人偷東西，某次球員錢不見，沒有人承認偷竊，球隊晚間十點熄燈，教練每一個小時把所有人叫起床集合，直到有人承認，「這就是團隊」。

對高國慶來說，美和有特別的情感和回憶，高國慶心懷感激，從小家境不好，但在美和就讀期間，打出成績可以免伙食費，還有私立學校原住民補助，

「養一支球隊要花不少錢，還好創辦人（徐傍興）過世後，後人還是對球隊很支持」。

高國慶進到職棒有能力後也不忘回饋，他曾提到，小時候手套用到虎口處都破了，開口向媽媽要錢心情很複雜，從二〇〇八年起持續回饋基層棒球，現在還有跟球具廠商合作，若發現哪些學校資源少，經過評估後每年固定捐贈兩所學校，「我是棒球人，不需要曝光，這是我應該要做的事」。

中職強投學自律——潘威倫

中華職棒投手代表人物「嘟嘟」潘威倫，無論是生涯勝場數、投球局數，都是目前國內第一把交椅，而奠定他在職業生涯創下輝煌成績的根基，就是過去在美和中學就讀的日子，他說：「在美和學習到的自律，影響我的棒球生涯，從學校畢業進入職棒後，也因為自律，讓我抱持著無論做什麼事情，都一定要按部就班做到最好的心態。」

潘威倫是屏東在地子弟，小學就讀赤山國小，當時美和有不少學長都會支援縣內少棒球隊擔任助教，讓他從小就對美和有深刻印象，當時屏東地區的中學棒球隊體系，僅有屏中系統的鶴聲國中及擁有傳統歷史的美和中學，國小畢業後，美和自然成為首選。

他說：「我對學校第一印象就是很漂亮又很大，而且有兩個球場又有宿舍，對於要過人生第一次的團體生活，

1996 年 IBA 青少棒賽，中華代表隊陣中有潘威倫、沈鈺傑、潘武雄等。（婁靖平提供）

是充滿期待的。」

美和最大特色就是嚴格的學長學弟制，潘威倫對此深刻印象，但他表示，一開始剛進學校當然會覺得學長很兇，畢竟小學剛畢業，上面有國二、國三還有高中部的學長，第一次看到球隊這麼多人，還要在大家面前自我介紹，自然會有壓力，但後來習慣了就還好。

潘威倫表示，學

潘威倫參賽 1996 年世界青少棒賽。（婁靖平提供）

長籠統來說分三種，很兇的、不管事及人很好的，自己印象比較深的是恰恰（彭政閔）還有高國慶那兩屆，他說：「國慶會幫助學弟，剛進來時，他集合我們講話，本來以為要講什麼大事，但他只是告訴新生要注意什麼、要幹什麼，提醒我們而已，而恰恰不太會罵我們，他都是以身作則。」

少棒時，潘威倫沒有太大名氣，但加入美和中學後，從一九九六年國二首次入選第七屆ＩＢＡ世界青少棒賽開始，連三年都成為國手，成為家喻戶曉的小球星，也是中華隊的主力投手之一。

「我覺得每一次當國手都有特別回憶，國二生涯第一次進中華隊，覺得很新奇，第二次ＩＢＡ在台灣舉辦，也是我第一次以國手身分在家鄉出賽，之後高三打ＩＢＡ世界青棒賽，也是美和最後一次打國際賽，每次情況都不同，印象最深的，還是二〇〇〇年那次。」

潘威倫表示，那年選拔賽（王貞治盃青棒）因為高雄有林岳平、黃俊中等「四劍客」超強的三民高中、台北市聯隊、新竄起的台中高農，加上善化、台東體中跟南英、高苑，賽前沒有人看好美和。

「我們以一年級為主體，搭配幾位二、三年級球員，一路不被看好，三民最有冠軍相，而且我們跟他們同組，沒想到我們在預賽一勝兩和，三民反而是一勝兩敗，桃農、中農都是一勝一敗一和，最後是美和出線，並在冠軍戰以二勝一敗擊敗台北市聯隊、拿到中華隊代表權。」

潘威倫已經忘了自己當年在選拔賽的表現。根據紀錄顯示，他在這次比賽拿到五勝，奪得投手獎與功勞獎，美和幾乎是靠他獨撐奪冠，當年在加拿大比賽，以美和為主體的中華隊拿下第五名，這也是美和近廿年來，最後一次在全國賽事奪冠、代表中華隊組軍出征。

「我們那時已經感覺到學校獲得的資源愈來愈少，比起其他學校，缺乏更好的誘因吸引選手，加上又是偏遠地區，只能栽培屏東子弟兵，這樣當然比較劣勢，也成為後來球隊戰績不理想的原因。」

雖然離開學校已經廿年，潘威倫卻認為美和精神永遠留在心中，他表示，美和最大核心就是紀律，也是學校風氣，什麼事可以做、什麼事不能做，透過傳承交給學弟，就算辛苦，其實經歷過了以後，就成為一個過程，更是很好的回憶，畢竟在美和的日子裡酸甜苦辣都有，若沒有經歷這些，自己不會有這樣的韌性。

問起在美和時最懷念的事物？潘威倫說：「應該是福利社吧，因為東西很好吃，每天早上第一節下課後，大家都會衝去福利社買蛋餅、飯糰跟豆漿，這些我到現在都還記得。」

永遠的李老師——李瑞麟

二〇二〇年剛好是李瑞麟教練逝世滿廿週年，他也是美和中學歷史中最重要、最值得懷念的一章，

永遠的李老師李瑞麟。（李淑梅提供）

不但學生時期就讀美和，專科畢業後回到母校任教，最後還娶了美和中學創辦人徐傍興的姪女婿、同時也長期贊助美和中學的李瑞昌醫師之女李淑梅為妻，夫妻兩人數十年來把美和學生視為己出，成為永遠的「李老師」。

李瑞麟在一九四九年出生，一九六一年國小畢業、剛好遇到美和中學成立，他成為創校後第一屆學生，儘管國中畢業後未選擇留校升上高中部，而進入屏東高工就讀，但高職畢業進入台北體專後，一畢業就回母校擔任老師，從一九七五年接任美和棒球隊教練，同時管理青少棒與青棒球員。

當年被李老師帶過的球員，有不少人投入職棒界，現在更已是總教練等級的人物，除了已過世的徐生明外，現任中華職棒最多勝總教練洪一中、「棒球先生」李居明、楊清瓏，到中生代的陳瑞振等，都是他的學生。

他在一九七五年率領球隊的處女秀，就打下第十五屆ＬＬＢ世界青少棒賽冠軍，隔年衛冕成功，完成美和在ＬＬＢ世界青少棒賽首次三連霸的創舉，之後又在一九八〇、八三年再拿冠軍。

美和老師梁義德稱李瑞麟為「姐夫」，卅多年前就跟著去看少棒比賽，甚至充當司機帶李瑞麟去找球員，「有一天，師母（李淑梅）說已經幫我請好假，帶姐夫去台東招生，兩天內跑了一千多公里，姐夫去球員家裡談的時候，我就在車上睡覺」。

李瑞麟在美和執掌球隊十六年間，與「師母」李淑梅對球員與學生照顧得無微不至，更培養他們成為日後台灣最重要的棒球人才，而他在一九八九年還兼任陸光隊（陸軍棒球隊、國訓隊前身，現已解散）總教練，當年陸光隊先在甲組春季聯賽封王，之後他所率領的美和青棒、青少棒都陸續打下全國冠軍，讓他首度榮膺「三冠王頭銜」，之後逐步淡出美和，由中生代教練王恩鵬接手。

一九九一年李瑞麟成為剛從乙組升上甲組的「黑鷹」棒球隊總教練，立刻率隊拿下秋季聯賽冠軍，而中國時報也在年底收購球隊並改組為時報鷹隊，他成為球隊首任總教練，隔年有五名球員入選巴塞隆納奧運會棒球賽中華隊，並幫台灣拿下棒球運動在奧運會史上、也是至今唯一一面獎牌（銀牌），而這五人也成為時報鷹職棒隊骨幹。

奧運結束後，時報鷹職棒隊正式成立，李瑞麟是總教練唯一人選，在

李瑞麟到美國受訓。（李淑梅提供）

一九九三年投入中華職棒比賽，在十九名本土球員中，有八人出自美和中學系統，就連球隊春訓基地，也設在美和。

因為曾去美國職棒大聯盟道奇隊及日本職棒接受教練訓練，李瑞麟的棒球觀念相當新穎，除了指導職業球員外，也無私地把從國外學習到的最新棒球知識教導給學生，讓美和的球員們能融合美式與日式的訓練方式，在當時非常罕見。

時報鷹在加入職棒後，儘管第一年戰績不佳，在六支球隊中排名第五，但之後三年每個球季都能維持在A段班的前三名，加上陣中球員如廖敏雄年輕帥氣、實力又佳，逐漸受到球迷喜愛。

李瑞麟與球員合照。（李淑梅提供）

李瑞麟在二〇〇〇年的二月十二日，以「老鷹振翼向西飛，五里一徘徊，我身雖離去，我心永沉醉」作為遺囑結尾，在短短四百卌字中，提起最多的依舊是他生命中最愛的棒球，更希望大家不要淚眼相送，自己會帶著世間的情、人間的愛，含笑而去。

二〇〇〇年三月七日，李瑞麟不敵病魔而去世，享年五十歲，讓全國棒球迷深感哀痛，更留給所有人無限的思念。

第五章

五十年重整展望未來

106 學年度高中木棒聯賽第三階段美和比賽畫面。（中華民國學生棒球運動聯盟提供）

美和拿下 103 學年度木棒聯賽第 6 名。陣中嚴宏鈞、陳晨威、張冠廷、呂偉晟等人都已是職棒球員。（中華民國學生棒球聯盟提供）

一、步伐沉重往上爬
美和再拚逆轉勝

美和棒球隊五十年，正是台灣青少棒、青棒史近五十年來的縮影，從南美和、北華興各據一方的輝煌、各地球隊遍地開花多強鼎立，到昔日強權沒落、新勢力崛起。美和榮景褪去，但冠軍已經不是唯一目標，讓棒球種子能有發芽的空間，「期待未來五十年，美和會有新的勢力在台灣棒壇發酵」。

近年美和棒球隊成績不如過往，有許多原因，為了避免青少棒球隊向各地少棒球隊惡意挖角，從一九九二年起中華民國學生棒球運動聯盟設下規定，青少棒球員跨縣市就讀，有對應的禁賽規則，也影響到美和棒球隊，在球員來源不足、經費考量等因素，青少棒隊二〇〇八年解散，棒球隊的根基受到不小衝擊。

美和棒球隊校友、曾任美和棒球隊教練的王恩鵬提到，沒有了自己的青少棒隊後，青棒招收的學生素質若不如人，很多時候需要從基本動作開始教起、改正，十分辛苦，加上國內棒球界風氣改變，很多職棒退役球員開始到高中帶隊，經費多的學校可以多請教練、要拉到素質好的球員相對容易。

近廿年美和棒球隊成績不再如過往亮眼，直到陳瑞振二〇一四年接手球隊總教練後，又讓人看到了不同的樣貌和希望，陳瑞振從中職兄弟象隊離開後，回到母校執教，他直言，美和當時已經無法跟新勢力穀保家商、平鎮高中、高苑工商棒球隊相比。

陳瑞振說：「會到美和的球員，很多都是新興棒球名門不要、放棄的球員，我回來帶他們，不是要打冠軍，是希望提升他們的技術，讓他們未來能夠延續棒球生涯、繼續打球，甚至有機會站上職棒舞台。」

陳瑞振到美和後，帶入職棒球隊的訓練方式和觀念，二〇一五年在青棒年度重點賽事、高中棒球聯賽（木棒組）打出好成績，不僅打入八強，在五、六名排名賽時遇上平鎮高中展現韌性。

當時陣中球員、現役中職樂天桃猿隊野手陳晨威回憶，那場比賽投手掉幾分、打者就能追回幾分，陳瑞振鼓勵大家，只要把當時平鎮高中王牌投手宋文華（現美職教士隊球員）打上場，就算美和贏。

平鎮高中六局打完八比三領先，美和七局靠著接連安打、失誤攻下四分，真的把宋文華逼上場，再從宋文華手中敲出追平比數二壘打，雖然最後仍以八比九吞敗、只拿到第六名，但陳晨威說：「教練說我們雖敗猶榮，面對這種強隊、數一數二的好手還可以打得這麼漂亮，表現超乎預期。」

美和似乎又看到往上爬的契機，但步伐依舊沉重，許多教練都提到「經費」是關鍵，以現在的大環境來看，棒球是燒錢的運動，一旦沒有金錢的資助萬事行不通，因為經費不足，無法負擔球員頻繁外出比賽龐大開銷，漸漸的只著重在年度重點全國盃賽，棒球僅有苦練無法成氣候，缺乏比賽經驗，真正碰到高張力比賽，球員們怯場、臨場反應不足，都是戰績無法再更好的原因。

二、人物故事

鐵漢柔情——陳瑞振

美和前教頭李瑞麟口中的「天生好手」陳瑞振，三級棒球時期就展露天分，

陳瑞振（左 1）率美和打 104 學年度高中木棒聯賽。（中華民國棒球運動聯盟提供）

在美和青少棒、青棒六年期間，五度被選入中華隊，兩度在世界賽拿下大會打擊獎。對於球員時期的風光，陳瑞振沒有多談，但說起轉職教練後，希望透過棒球讓球員們翻轉人生，循著他堅定眼神看去的方向，彷彿已經看見職棒場上閃閃發光的新星。

「合理的要求是訓練、不合理的要求是磨練」，嚴格的學長學弟制，是美和教會陳瑞振棒球路上如何堅持的重要養分。

陳瑞振曾在全國少棒選拔賽中策動台灣少棒賽史上首次「三殺守備紀錄」，入選一九八八年威廉波特（ＬＬＢ）世界少棒錦標賽中華代表隊，因為身材不如人，國小畢業後，陳瑞振其實沒有打算繼續打球，那年除了少棒，中華青少棒、青棒隊在世界賽皆奪冠，完成「三冠王」霸業，中華青少棒以美和為主體，由李瑞麟帶隊，當時同樣在美和執教的王恩鵬透露，在大使館接見、飛機上聊天時，李瑞麟多次向中華少棒隊教練鍾重彩招手，希望此批球員能到美和打球。

李瑞麟沒讓這名「天生好手」埋沒，陳瑞振透露，哥哥陳瑞昌也在美和打球，當時的美和是名校，學校給出好條件，只要跟著哥哥到美和，可以幫哥哥省下伙食費，「鄉下人家家境不好，如果打球可以幫忙家裡、我就去」。

陳瑞振一開始從三壘出發，李瑞麟找來當時在陸光棒球隊的校友古國謙幫忙球隊訓練，古國謙一看到陳瑞振，直覺他的臂力好，有當游擊手的好條件，就這樣一句話，陳瑞振開始以出色的游擊手被外界所認識、直到球員生涯結束，李瑞麟後來又讓陳瑞振練投，讓他在三級棒球時期成為投、打、守表現皆突出的「天生好手」。

陳瑞振一九九〇、一九九一年都入選世界青少棒賽中華隊，一九九一年賽事總計敲出十三支安打、打擊率五成六五，拿下大會打擊王；一九九二至一九九四年，皆入選世界青棒賽中華隊，一九九三年以十九打數敲出十一支安打、打擊率五成七九，拿下大會打擊王、也入選明星隊。

談起在美和球員時期的風光，陳瑞振清描淡寫帶過，只說美和的扎實訓練是他持續成長的養分，加上進到職業後接受日式訓練，成就之後職棒場上好表現；美和對他影響最大的是嚴厲的學長學弟制，「合理的要求是訓練，不合理的要求是磨練，這個制度讓我培養強大的抗壓性，一直到現在都受用」。

陳瑞振二〇〇九年至二〇一三年間任中職兄弟象隊總教練，後轉任二軍守備教練、球探，二〇一四年離開職棒，在美和「大學長」楊清瓏推薦下，重回母校執教，「我從來沒想過可以回到美和，回到學校球員們不是叫我教練，他們都叫我『學長』」。

美和近廿年榮光不如過往，陳瑞振很清楚帶領美和追求的不再是冠軍，他抱著滿腹理念，「鄉下小孩很可憐，我希望讓他們有改變，透過延續棒球生涯，改變他們的人生、家境」。

陳瑞振的理想不是空喊，到美和打球的球員，或許都是近年青棒強權割捨掉、認為不突出的戰力，陳瑞振要求他們打好基礎，等到身體、心理都成熟了，好的基礎就能有好的表現。

在美和帶隊這段期間，對陳瑞振的棒球生涯有很大的影響，這是在職業隊當教練無法

陳瑞振（右 1）率美和參加 106 學年度高中木棒聯賽。（中華民國棒球運動聯盟提供）

感受到的，「當職業隊教練意義在哪裡？拿到冠軍之後呢？我在美和這段期間，將十多個可以算是被主流球隊丟棄的球員推上職棒舞台」，這段敘述，陳瑞振講得鏗鏘有力，言語間流露自豪。

離開美和，是某些東西變了、理念無法施展，陳瑞振直言，美和其實可以更好，但也提到，經驗傳承，走到哪裡都一樣，現在他也依然在棒球界培育著下一代的棒球人。

新生代出頭——陳晨威

二〇一八年中華職棒季中新人選秀會，Lamigo 桃猿隊（樂天桃猿隊前身）第二輪喊出「陳晨威」名字時，應該沒有人想到，他會抱走二〇一九年中職年度新人王大獎，但美和前任教頭陳瑞振在六年前就看到了，他曾對著陳晨威說：「我給你的東西好好運用，你一定會在職棒舞台發光發熱，會是很突出的球員」。

二〇一九年，陳晨威抱回中職新人王大獎，陳瑞振傳了一段訊息給陳晨威：

陳晨威（中）104 學年度高中木棒聯賽守備畫面。（中華民國學生棒球運動聯盟提供）

「你是我的驕傲」，讓他十分感動。

陳晨威從高雄興仁國中畢業後，因為青少棒、少棒階段沒有太多突出表現，想要進到青棒強權球隊無望，隊上同學和教練推薦，試著去美和考試，陳晨威知道美和過去的風光，儘管榮光不再，也認為會是一個不錯的選擇。

進到美和前，陳晨威就耳聞美和學長、學弟制很嚴格，訓練分量很重，但真的加入球隊後，還是經過一段陣痛期；陳晨威回憶，到學校第一印象是學校設備還是「很傳統」，簡易型的球場，宿舍木頭有點老舊，練球特別操，早上五、六點起床晨操，接著上課到中午，下午又開始練球，經常有十公里起跳的椰子大道「野跑」訓練，「高一時，同學彼此間常在問，有沒有人想轉學？」

「反正也只是抱怨，我還是想打球，想要繼續堅持自己的棒球路，只能咬牙苦撐」，陳晨威留下來了，一年過後他遇到棒球生命中的貴人兼恩師，從職棒退下的總教練陳瑞振，「我在職棒場上可以有這樣的表現，歸功於他給我的東西和自信，造就現在的我」。

陳晨威直言，聽過陳瑞振在職棒的一些「事蹟」，但在陳瑞振還沒接美和總教練之前，就會到美和幫忙指導學弟，當時球員們都覺得陳瑞振很風趣，為苦悶的練球時光增添不少歡樂，陳瑞振真正接任總教練後，美和球隊訓練方式也有大轉變，練球更有彈性，用技術的量代替堆疊的體能訓練，「他曾對我們說過，他在意的不是成績，也不是要來帶我們打冠軍，只是想要讓我們變得更好」。

陳晨威回憶，陳瑞振帶入了職棒訓練的新觀念到基層棒球，守備、打擊全

陳晨威在 104 學年度高中木棒聯賽打擊畫面。（中華民國學生棒球運動聯盟提供）

部打掉重練，貫徹他的教學理念，守備上基本動作的訓練方式不同以往，重視腳步、講求扎實、基本動作確實，教學風格偏向日式，強調很多下盤，「守備訓練是做很多馬步的動作，例如用下盤蹲著走」。

至於打擊則在意細節，幫每名球員調整，從準備動作、揮棒方式到軌跡，經過陳瑞振幫忙調整，陳晨威自評攻擊起來更輕鬆、球也比較會飛，從高中到進入職棒，陳瑞振給的這套動作幾乎沒有變過，若是遇到打擊低潮，也會試著回想陳瑞振當初教他們的方法。

二〇一三年中華職棒開放高中生投入中職選秀，對於從小打棒球的球員來說，又能更早一步踏入夢想殿堂，陳晨威從小的目標就是打職棒，到了高三那年，教練時常跟高三球員聊天，談職棒的競爭，也談打職棒會對生活改善的幫助，但陳瑞振並沒有鼓勵陳晨威畢業後直接投入選秀，低伏是為了儲備能量、跳得更高更遠。

陳晨威聽從陳瑞振建議先去大學、業餘隊磨練，等身體機能更好、再長高一點、壯一點，打好基礎再挑戰職棒，陳晨威確定投入中職選秀後，陳瑞振到處幫忙推薦，跟球團保證陳晨威具有前三輪選秀實力，陳晨威說，「很感謝教練幫我打響知名度，但同時壓力也很大，如果進到職棒後表現不如預期，我該怎麼面對教練？」

二〇一九年、陳晨威中職新人年，儘管球季末因為觸身球受傷缺陣，但無法掩蓋開季起的突出表現，抱回中職「年度新人王」大獎，看著陳瑞振傳來「你是我的驕傲，謝謝你沒有讓我失望」的訊息，兩句話讓陳晨威感動許久，「我努力了，達到他想看到的樣子，我不願讓他失望」，師徒之情深厚，溢於言表。

美和是陳晨威棒球生涯重要的轉捩點，除了練球的苦、對於恩師感激的情，陳晨威直言印象最深刻的是「吃飯比練球痛苦」，儘管菜色豐富，但跟臉差不多大的碗公盛滿白飯，學長盯著學弟將飯吃光，對食量不大的他來說，晚餐常常從六時吃到七、八時，國中到高中身高抽高將近廿公分，美和的大分量伙食或許也是原因之一。

棒球魔術師——徐生明

美和中學的創辦人是著名的「徐博士」徐傍興，而徐傍興傾力資助的美和棒球隊陣中也有一個隊友口中的「徐博士」，那就是曾是台灣職棒最多勝教頭（通算七百一十五勝）紀錄保持人徐生明。

看在老婆謝榮瑤眼中，棒球隊球員黑黑的全都一個樣，但每天早上校車抵達校門口時，那個穿著棒球隊球衣，翻著報紙的身影，似乎有不同的光芒。

徐生明從少棒開始就是頗有名氣的強投，少棒、青少棒、青棒入選中華代表隊資歷豐富，「但徐總家很苦，出國比賽有好表現，其實都是賺些獎金回來養家」，謝榮瑤分享從婆婆那聽到的往事，徐生明被選上國手，為了讓他能有點零用錢帶出國，都需要變賣家裡的東西，「徐生明是苦出來的，好勝心強，一直希望可以透過棒球改善家裡環境」。

徐生明擅長球路是蝴蝶球，精準控球也是特色，但徐生明的控球是怎麼練出來的？得要謝謝那群放養的水牛，提供牛角給徐生明當練投標的。

不少人都提過這段趣事，徐生明從小需要牽著家中的牛去山坡上吃草，小孩子放牛無聊，拿著石頭當球、瞄準牛角丟成了樂趣，謝榮瑤表示，徐生明家的牛，牛角高低不一，還被人家說是被徐生明用石頭丟到磨平的。過去曾與徐生明聊過這段往事，徐生明也只是笑笑的說：「可能吧」，並自評丟牛角丟最準的時候是小學六年級。

徐生明國小畢業後進到美和中學，升上國中後不僅是強投、也成了強打，於一九七四年全國青少棒賽以打擊率六成九二拿下打擊獎第一名、入選世界青少棒賽中華隊，也擔任「中華隊長」，從少棒時期累積的高名氣，讓中華隊還沒出賽、他已經成了討論焦點；當年徐生明在與加拿大隊比賽中，五局投出八次三振，表現亮眼。

徐生明一九七五年入選世界青棒錦標賽中華隊，依舊是王牌投手，並留下單場三振對手十六次紀錄；一直到後來升上大學，徐生明依舊主宰投手丘，他曾透露，能夠在投手丘上這麼久，要感謝美和時期教練曾紀恩苦心訓練和栽培，也感謝同樣到美和幫忙過的教練譚信民，在美國受訓後，帶回投手保養和訓練方式，

1976 年羅德岱堡中華青棒隊，徐生明為後排右 2。

讓他的投手生命可以長遠維持下去。

謝榮瑤是徐生明美和中學隔壁班同學。謝榮瑤坦言在認識徐生明前，對棒球完全沒興趣，當時學校棒球隊戰績亮眼，棒球隊球員成了美和中學、美和護專女學生眼中的偶像和英雄，只要有練球、比賽，都可以看到成群的女學生用仰慕的眼神看著球員，尤其像徐生明這樣突出的球員，女粉絲自然很多。

在謝榮瑤眼中，棒球隊球

員長得都一個樣，曬得黝黑、在球場上訓練全身紅土，但自從看到徐生明每日結束晨操、翻報紙的身影後開始改觀，「他好像不太一樣」；徐生明喜歡閱讀報紙、書籍，隊友喚他「徐博士」，擔任舍監時指導過徐生明的涂順振直言，徐生明是肯吃苦又認真的人，白天練球再辛苦、晚上一樣認真讀書，並且有寫日記的習慣，文筆很好。

謝榮瑤曾聽過徐生明提起很多美和時期的趣事，包括放假時最怕聽到曾紀恩的摩托車聲，大老遠聽到摩托車「噗噗噗」騎來的聲音，放假在校園中閒晃的球員四處逃竄，只要有人被抓到，「沒回家就出來練球吧」，曾紀恩就將休假日變成加班練球日。

因為家境不好，徐生明一直把美和時期幫助過他的人放在心上，包括徐傍興、李梅玉、廖丙熔、李瑞昌等，都是徐生明一直掛在嘴邊的「恩人」，徐傍興對於球員十分關心，也非常大方，遇到家境不好的球員、放假甚至連拿出車票錢都是奢侈，他們也不吝於將口袋的錢拿出來幫助球員。

因為曾經受過幫助，也懂得苦的滋味，美和中學近年多次傳出經營困難、可能解散，徐生明心繫母校，二〇〇五年召集校友「回娘家」，被推舉擔任首任棒球隊校友會會長。

「球隊出現斷層，但美和是很有歷史背景的球隊，希望讓喜歡打棒球的孩子能有一條路可走」，徐生明回到家中向謝榮瑤說，希望每年可以捐出十萬元給球隊，謝榮瑤笑說：「他在球場上很強硬，但心腸很軟、是個溫暖的人」。

徐生明後來先到韓國化妝品隊打球、在韓國取得碩士學位，回國後多次擔任中華隊教練，卅二歲當上味全龍隊總教練，為中職史上最年輕教頭，一九九九年率隊完成三連霸，前後領軍六支職棒隊，還有年代雷公、第一金剛、中信鯨、興農牛、義大犀牛，在台灣大聯盟與中華職棒，合計拿下七百一十五勝，職棒二〇一七年，紀錄才被學弟洪一中打破。

「比賽會打到九局下半，人生也會走到最後一天」，徐生明曾這樣說過，二〇一三年徐生明逝世令人措手不及，但對於母校美和棒球隊、家鄉美濃少棒的關注之情依然持續。

三、走過五十風華 期待美和新勢力

美和曾經「雄霸一方」，讓台灣在世界揚名，現在時空背景不同，冠軍或許不再是球隊存在的唯一目標，每隔一段時間就傳出球隊可能解散的消息也令校友掛心，現任棒球隊校友會會長龔榮堂提到，近年少子化問題，加上愈來愈多學校籌組棒球隊，美和招生困難、學校經營成為壓力，「但棒球是我們的支柱，我們都希望棒球隊有好的發展」。

過去每隔一段時間，棒球隊校友會會有零星的活動，直到二〇一八年才有較具規模的整合行動，透過舉辦ＯＢ賽喚起校友們的記憶和對球隊的關注，龔榮堂提到，校友會對美和的關注不強求成績，而是希望永續發展，訓練、招生、教練資源希望都能到位，提供好的環境讓球員訓練。

美和董事謝純貞、校長曾焜宗都曾提到，近年私立學校經營越來越不容易，在不能調漲學費的前提下，學業還是辦學的重點，美和的高升學率在私立學校中罕見，近年私立學校都在減班，唯有美和還能滿額增班，實屬難得。

美和中學青少棒隊已於二〇〇八年解散，目前僅剩青棒隊，但也多次傳出可能解散的風聲，董事長房徐蕙英直言，棒球是父親想做的事，即使很艱難，但都會努力下去，目前沒有解散青棒隊的打算，未來有沒有可能再重組青少棒隊，雖還有很多不確定因素，但也是努力的方向。

至於美和青少棒是否有機會回歸？校方和校友會、董事會都有討論，但目前傾向注重「全人發展」，找出成績不錯且有興趣的學生，一天訓練不超過兩小時、一週三天等訓練規劃，透過運動訓練大腦的不同區塊，將競技留給青棒。

美和棒球隊是深深扎根在屏東內埔客家庄的傳奇，客家有句俗諺：「玉蘭有風香三里，桂花無風十里香」，勉人有內涵不需靠外力宣揚，也能名聲遠播。

過去五十年的養分，是美和棒球人胸前的驕傲，培育出的球員、教練，至今在台灣棒壇都產生舉足輕重的影響力，借用學長（校友）們的期望，「希望接下來的五十年，還會有新的美和勢力在台灣棒壇發酵」，就像桂花、香氛遠播。

後記——

現任校長　曾焜宗

餘韻——傳承美和價值　另類雄霸棒壇

曾有作家提到，國內三支青少棒勁旅（美和、華興、榮工），他最欣賞的是美和，因為球隊初期陣容是第二屆世界少棒賽未獲冠軍、遭華興拒收的「七虎少棒隊」，被徐傍興博士收容後，展開長期「民間」對「官方」、「平民」對「貴族」的較勁，且戰績最輝煌。

持續這樣的風格，美和棒球走過五十年風華，儘管青少棒隊已解散，但青棒隊仍在，近年雖不敵有財力支援、延攬各地好手的球隊，僅能以傳統棒球名校招牌招生，持續在高中棒球聯賽、黑豹旗青棒等賽事，闖進十六強。

未來重組青少棒隊構想，可和華興一樣發展成社團性質的球隊，球員要有國中會考五A的學科能力，品德也要好。

美和現在戰績並不亮麗，但早年風範已樹立，不必再費盡心力角逐輸贏，傳承當年「民間」和「平民」的風格辦學和培訓球員，才是美和價值，也是另類的「雄霸棒壇」。

二〇一八年、一九的「南美和　北華興OB賽」分別於美和、華興舉辦，董事長房徐蕙英都親自參加，對這些球員昔日的表現如數家珍，彷彿回到當年盛況。

常從台北到屏東關心學校與球隊的董事謝純貞說，徐博士對棒球隊的熱忱，帶動整個家庭投入，各方面協助球隊發展，她很感謝林永盛、涂順振校長卅二年任內持續這個任務，領導棒球隊走過群雄並起的年代，也感謝現任校長曾焜宗及許多老師、校友們出錢出力協助球隊。

我在一九八〇年到美和中學任教時，看到徐博士親切和球員、一般學生互動的身影，以為他是和藹的老校工，曾寫文章〈輝映在人間〉來表示敬意和懷念，過去也為激勵棒球隊，讓廖敏雄、林琨翰、陳瑞振、張泰山、陳慶國、彭政閔等球員，組成合唱團參加縣內比賽、表現。

棒球隊校友們是另一股支持動力，徐生明回校指導、楊清瓏協助教練聘用、趙士強幕後資源整合、現任會長龔榮堂承繼，爭取教育部經費整建球場，也常回校關心學弟生活與訓練。此外王恩鵬、蔡榮昌、詹仁和每年都回校幫忙高一新球員甄選和指導，現任棒球教練古國謙、陳耿佑也是校友。

蛻變——二〇二〇　榮耀美和

一九六一年徐傍興博士創辦美和中學，歷經近六十寒暑滄海桑田、培育莘莘學子，歷屆校友跨越政治、醫學、法商、科技、教育、服務各領域，成為社會中流砥柱。

2019 年彭政閔引退賽，學弟們進場見證。

這些年，在棒球隊榮耀的光環下，美和以「歡樂、多元，美和新視界」的辦學願景，讓孩子在美麗安和的校園中多元學習，在充滿活力、歌聲、歡笑與淚痕的成長歲月中，不僅課業和升學成績優異，具有國際視野和人文素養，各方面表現都很傑出，是孩子的快樂天堂。

二〇一九年十月，彭政閔引退賽在台中洲際棒球場舉辦，學校致贈他「棒壇傳奇」鏡框和「政仁嘉美　閔懷風和」字軸，也在滿場球迷見證下，秀出「榮耀美和」的大布條。

美和棒球隊成立五十週年，為學校創造無數榮耀；二〇二〇年，創校將邁入一甲子，我們創造了榮耀美和。

謝誌——

感謝美和中學創辦人徐傍興博士睿智的在五十年前成立棒球隊，讓棒球運動在屏東的客家村落地成長並茁壯！從一個隊伍的發展與北華興共舞的效應，形成影響力拓展到整個台灣，從學生棒球運動發展到台灣的職業棒球運動。

滿懷感恩與感謝！感恩美和棒球的推手們默默的付出、感謝歷任董事、校長、師長及家長顧問等等同心協力的奉獻付出打拚，培育了無數棒球選手，間接也影響台灣棒球運動的發展脈絡、甚至對於職棒成立也起了重要的影響。

本書籌備過程首先感謝房徐蕙英董事長、謝純貞董事的支持與贊助，趙士強、楊清瓏、馮勝賢校友及母校曾焜宗校長等人的鼎力相助，加上美和棒球ＯＢ校友們的動員號召，系列活動才能拉開序幕，讓我們幹事部無後顧之憂放心放手去做，將五十週年系列活動的成果展現在各位面前！再次感謝鼎力相助的各位！

美和棒球ＯＢ校友會　龔榮堂敬筆

二〇二〇年十月二十日

附錄——美和棒球中華隊榮譽榜

年代	世界青少棒賽	世界青棒賽（LLB）	世界青棒賽（IBA）
1972	**冠軍** 教練：曾紀恩、蔡炳昌 隊長：張沐源 隊員：劉秋農、伍茂東、溫金明、黃宏茂、林偕文、蔡榮宗、楊清瓏、梁敬林、陳昭銘、黃明怡、江仲豪、陳進財、吳文智		
1973			
1974	**冠軍** 教練：曾紀恩、宋宦勳 隊長：徐生明 隊員：李居明、張永昌、高文川、魏景林、劉宗富、唐昭鈞、張業泰、蘇順德、	**冠軍** 教練：蔡炳昌 隊長：高英傑 隊員：劉秋農、曾明德、郭源治、彭仲達、龔富傢、李來發、陳昭銘、王俊明、	

年代	世界青少棒賽	世界青棒賽（LLB）	世界青棒賽（IBA）
	黃廣琪、王恩鵬、江竹山、謝燈育、黃榮銘	楊清瓏、盧瑞圖、梁敬林、陳進財、林俊民、江仲豪	
1975	**冠軍** 教練：曾紀恩、李瑞麟、譚信民 隊長：黃廣琪 隊員：羅國章、黃全榮、詹仁和、林振賢、陳明海、謝燈育、張搭雄、黃榮銘、柯孟岱、劉名賢、沈堯弘、趙士強、胡智淵		
1976	**冠軍** 教練：李瑞麟、宋宦勳 隊員：羅國章、黃福麟、詹仁和、陳肇福、陳忠海、林振賢、江泰權、洪一中、邱榮富、柯孟岱、黃耀賢、趙士強、陳振順、張泓	**冠軍** 教練：曾紀恩、譚信民 隊員：李宗源、徐生明、張永昌、楊清瓏、莊勝雄、陳義信、唐昭鈞、陳昭銘、陳進財、葉志仙、林華韋、李明憲、董國華、黃明怡、	

年代	世界青少棒賽	世界青棒賽（LLB）	世界青棒賽（IBA）
		李居明	
1977		**冠軍＊** 教練：曾紀恩（美和） 隊員：徐生明（美和）、張永昌（美和）、何明堂（東吳）、莊勝雄（明德）、李宗源（華興）、唐昭鈞（美和）、曾智偵（東吳）、江榮輝（華興）、余富誠（美和）、黃廣琪（美和）、杜福明（南英）、李明憲（南英）、李居明（美和）、葉福榮（南英）、王俊郎（南英）	
1978			
1979			

年代	世界青少棒賽	世界青棒賽（LLB）	世界青棒賽（IBA）
1980	**冠軍** 教練：李瑞麟、譚信民 隊長：李安熙 隊員：李仲弘、潘文柱、張集正、鄧耀華、郭建霖、徐整當、張耀騰、徐國銘、廖進成、陳耿佑、戴清陽、李國清、廖旭雄	淘汰＊ 教練：曾紀恩（美和）、王子燦（美和） 隊員：陳正中、林堒瑋（美和）、郭泰源、陳振雄（長榮）、陳炫琦、謝長亨（華興）、張見發（榮工）、黃文明（美和）、李俊宏（華興）、張適閔、吳思賢（美和）、吳復連（長榮）、顧英麟、龔榮堂（美和）、蔡生豐（長榮）	
1981		**冠軍＊** 教練：曾紀恩（美和）、王子燦（美和） 隊員：黃嘉育、許踼華（美和）、陳義信（榮工）、黃平洋（榮工）、黃昊隆	

年代	世界青少棒賽	世界青棒賽（LLB）	世界青棒賽（IBA）
		（華興）、黃文明（美和）、陳金茂（榮工）、蕭智祥（美和）、汪俊良（美和）、吳思賢（美和）、呂文生（美和）、吳德生（榮工）、黃新松（美和）、龔榮堂（美和）、陳大豐（華興）	
1982	**冠軍** 教練：李瑞麟 隊員：陳錫文、陳昭安、顏文章、張俊卿、鄭添盛、孫萬轉、張遠及、黃文生、羅朝鐘、邱耀祖、林琨瀚、吳文裕、潘東漢、林玉坤		
1983	**冠軍** 教練：李瑞麟、楊清瓏、王子燦 隊員：林琨瀚、張俊卿、	**冠軍*** 教練：曾紀恩（美和）、楊英二（榮工） 隊員：潘文柱（美和）、	**冠軍*** 總教練：曾紀恩（美和）、方水泉（華興） 隊員：潘文柱（美和）、

年代	世界青少棒賽	世界青棒賽（LLB）	世界青棒賽（IBA）
	鄭添盛、羅朝鐘、邱耀祖、潘東漢、吳文裕、林玉坤、邱啟成、吳世賢、陳文雄、蔡奇勳、謝佳訓、莊志偉	張耀騰（美和）、塗永樑（華興A）、郭建成（榮工）、涂鴻欽（三信）、徐整當（美和）、呂明賜（華興A）、李安熙（美和）、楊斯祺（美和）、郭建霖（美和）、鄧耀華（美和）、羅國璋（榮工）、徐國銘（美和）、李仲宏（美和）、孫昭立（榮工）	塗永樑（華興A）、郭建成（榮工）、林文城（榮工）、黃文成（三信）、賴金輝（華興B）、徐整當（美和）、陳彥成（榮工）、楊斯祺（美和）、郭建霖（美和）、鄧耀華（美和）、羅國璋（美和）、楊坤和（榮工）、廖俊銘（華興A）、徐國銘（美和）、孫昭立（榮工）、曾慶裕（華興A）、郭萬吉（華興A）
1984	**冠軍** 教練：詹仁和、譚信民、王澄豐 隊員：廖敏雄、李以寶、李健男、黃登富、古國謙、	**冠軍＊** 教練：宋宦勳（美和）、李瑞麟（美和） 隊員：鄭添盛（美和A）、戴漢昭、黃輝榮（華興	

年代	世界青少棒賽	世界青棒賽（LLB）	世界青棒賽（IBA）
	邱啟成、潘東漢、邱耀祖、楊正文、尤伸評、黃耀聰、簡佩輝、李照富、沈俊忠	A）、黃森泰、陳昭安（新民）、吳世賢（美和B）、黃文生（美和A）、陳政賢（新民）、楊斯祺（美和A）、陳耿佑（美和A）、蕭文銘、黃世明（華興A）、羅敏卿、楊進福（榮工）、陳威成（華興A）、陳錫文（美和A）、楊章鑫、陳順在（新民）	
1985	**冠軍** 教練：詹仁和、唐昭鈞 隊員：李健男、黃耀聰、陳金東、陳宗世、吳坤峰、蕭浚濠、蔡榮昌、鄭俊男、蔡泓澤、黃煌智、陳田明、林茂華、鄞明村、張榮勳		季軍＊ 總教練：李瑞麟（美和） 教練：王澄豐（美和） 隊員：劉志昇（榮工）、張俊卿（美和）、吳世賢（美和）、邱啟成（美和）、徐整隆（美和）、徐育鉉（美和）、張正憲（華興），

年代	世界青少棒賽	世界青棒賽（LLB）	世界青棒賽（IBA）
			陳政賢（榮工）、邱耀祖（美和）、蔡奇勳（美和）、吳文裕（美和）、林琨瀚（美和）、古國謙（美和）、王光熙（榮工）、陳文雄（美和）、林玉坤（美和）、鄭豐萬（美和）、曾貴章（榮工）
1986			亞軍＊ 總教練：李瑞麟（美和） 教練：陳秀雄（華興） 隊員：邱啟成（美和）、吳世賢（美和）、卓琨原（榮工）、徐整隆（美和）、黃耀聰（美和）、鄭國祥（美和）、尤伸評（美和）、陳彥愷（華興）、古國謙（美和）、林琨瀚（美和）、

年代	世界青少棒賽	世界青棒賽（LLB）	世界青棒賽（IBA）
			黃鈞瑜（榮工）、廖敏雄（美和）、邱耀祖（美和）、林振瑞（華興）、李以寶（美和），沈俊忠（美和）、鄭豐萬（美和）、吳哲宗（華興）
1987			
1988	**冠軍** 教練：李瑞麟 隊員：蔡孟哲、吳俊良、吳俊華、張守元、林克明、賴有亮、李聰富、楊福群、陳俊和、林讚新、王樹林、吳孟財、鄭智文、孫光義		
1989	**冠軍** 總教練：李瑞麟 教練：鍾重彩、唐昭鈞		

年代	世界青少棒賽	世界青棒賽（LLB）	世界青棒賽（IBA）
	隊員：倪國展、陳慶國、吳俊良、吳輝耀、陳懷山、欒復文、藍德威、蕭任汶、陳瑞昌、邱順輝、林聖雄、李健璋、吳育昆、林鼎寰		
1990	**冠軍** 總教練：李瑞麟 教練：王恩鵬 隊員：陳慶國、陳懷山、藍德威、高玉龍、郭富全、吳俊億、趙立、王文智、呂嘉明、陳瑞振、吳承翰、游振隆、潘順隆、林敏介	**冠軍＊** 總教練：鍾重彩（美和） 教練：莊林貴（美和） 隊員：黃文博（榮工）、洪佩臻（美和）、鍾宇政（俊國）、張家豪（華興）、蔡孟哲（美和）、陳俊和（美和）、吳俊賢（榮工）、林讚新（美和）、吳孟財（美和）、林岳亮（美和）、蕭任汶（美和）、張瑋（榮工）、李聰富（美和）、孫光義（美和）、黃清境（榮工）	

年代	世界青少棒賽	世界青棒賽（LLB）	世界青棒賽（IBA）
1991	**冠軍**（LLB） 總教練：王恩鵬 教練：唐昭鈞 隊員：陳瑞振、高玉龍、吳俊億、曹竣揚、張晉忠、柯景文、蔡豐安、林仲梁、馮勝賢、張琮貴、潘順隆、游振隆、涂進德、戴龍水 **冠軍**（IBA）＊ 總教練：王恩鵬 教練：劉明光 隊員：許閔嵐（五福A）、李政達（華興）、謝佳賢（榮工）、謝克強（鹿野）、楊忠良（榮工）、薛富中（中山A）、柯景文（美和）、潘忠韋（鶴聲）、	**冠軍**＊ 總教練：王恩鵬（美和） 教練：唐昭鈞（美和） 隊員：洪佩臻（美和）、蕭任汶（美和）、蔡孟哲（美和）、吳俊良（美和）、張家豪（華興）、葉君璋（榮工）、楊福群（美和）、吳俊華（美和）、吳孟財（美和）、林岳亮（美和）、陳俊和（美和）、林聖雄（美和）、李聰富（美和）、陳俊和（美和）、陳慶國（美和）、任志偉（榮工）	

年代	世界青少棒賽	世界青棒賽（LLB）	世界青棒賽（IBA）
	吳昭輝（復興）、張泰山、曹峻揚、戴龍水、張琮貴（以上美和）、李健志（五福A）、陳保宏（榮工）、涂進德、游振龍、蔡士勤（以上美和）		
1992		季軍＊ 總教練：黃文生（美和） 教練：陳耿佑（美和） 隊員：吳俊良（美和）、蕭任汶（美和）、曹竣揚（美和）、高玉龍（美和）、陳瑞昌（美和）、柯景文（美和）、陳懷山（美和）、倪國展（美和）、呂嘉明（美和）、陳瑞振（美和）、林敏介（美和）、趙立（美和）、陳慶國（美和）、	

年代	世界青少棒賽	世界青棒賽（LLB）	世界青棒賽（IBA）
		潘忠勳（俊寶）、陳俊宏（俊寶）	
1993	亞軍（IBA）＊ 總教練：陳振雄（美和） 教練：黃文生（美和） 隊員：宋肇基（美和）、高國慶（美和）、李俊賢（建興）、朱峻廷（三重）、豐偌暉（榮工）、莊旻哲（五福）、陳世峰（美和）、顏銘堂（建興）、周森毅（美和）、田顯明（美和）、彭政閔（美和）、洪茂展（美和）、陳耀銘（建興）、王子菘（榮工）、陳瑞成（美和）、陳榮造（美和）、陳榮發（美和）、潘釧銘（三重）		

年代	世界青少棒賽	世界青棒賽（LLB）	世界青棒賽（IBA）
1994	殿軍（IBA） 總教練：王恩鵬 教練：黃文生 隊員：紀明廷、曾建雄、陳志誠、鄭世昌、林岱慶、曾英傑、邱國源、黃威霖、游建華、邱大維、林建良、蘇立偉、郭銘倫、李明進、張其裕、李宏裕、林俊維、周培倫		
1995			
1996			亞軍＊ 總教練：黃文生（萬家香） 教練：蔡榮昌（萬家香） 隊員：陳榮造（萬家香）、田顯明（萬家香）、豐偌暉（榮工）、黃欽智（榮

年代	世界青少棒賽	世界青棒賽（LLB）	世界青棒賽（IBA）
			工）、李明進（聲寶）、潘文國（美和）、邱國源（萬家香）、蔡威廷（富邦公牛）、彭政閔（萬家香）、紀明廷（萬家香）、周森毅（萬家香）、游建華（萬家香）、高國慶（萬家香）、郭昌庭（南英）、莊旻哲（萬家香）、李宏裕（萬家香）、黃閔清（聲寶）、陳仁達（屏東中學） 附註：萬家香贊助美和冠名
1997			
1998	亞軍（IBA） 總教練：黃文生 教練：楊正文		

年代	世界青少棒賽	世界青棒賽（LLB）	世界青棒賽（IBA）
	隊員：吳偲佑、潘威倫、鄭嘉明、高曉強、姚勝敏、潘銘偉、陳昭穎、鄭欣明、陳偉倫、陳意忠、蔣孝志、林智盛、賴新城、林家煌、山惟興、陳郁豪、陳世恩、李孝文		
1999			
2000			第五名＊ 總教練：黃文生（美和） 教練：蔡榮昌（美和）、蕭文勝（台北市） 隊員：潘威倫（美和）、劉俊男（台北市）、黃政琦（台北市）、李振男（南英）、黃俊中（三民）、鄭志強（高苑）、潘銘偉

年代	世界青少棒賽	世界青棒賽（LLB）	世界青棒賽（IBA）
			（美和）、壯勳（南英）、許秦瑋（美和）、鄭欣明（美和）、林永坤（美和）、陳意忠（美和）、胡金龍（南英）、施翔凱（台北市）、曾貴龍（東體）、鄭安庭（美和）、山惟興（美和）、林建男（美和）

標註＊者表當年度為中華明星隊。

資料來源：美和中學官網、聯合報系、棒球維基館。

時報悅讀 35

雄霸棒壇——美和棒球五十年

作　者—美和棒球隊校友會
撰文者—婁靖平、謝靜雯、賴德剛
副主編—謝翠鈺
責任編輯—廖宜家
美術編輯—張淑貞
封面設計—斐類設計工作室

董事長—趙政岷
出版者—時報文化出版企業股份有限公司
一〇八〇一九台北市和平西路三段二四〇號七樓
發行專線—（〇二）二三〇六六八四二
讀者服務專線—〇八〇〇二三一七〇五
（〇二）二三〇四七一〇三
讀者服務傳真—（〇二）二三〇四六八五八
郵撥—一九三四四七二四時報文化出版公司
信箱—一〇八九九　台北華江橋郵局第九九信箱

時報悅讀網—http://www.readingtimes.com.tw
法律顧問—理律法律事務所　陳長文律師、李念祖律師
印刷—富盛印刷有限公司
初版一刷—二〇二〇年十一月十三日
定價—新台幣三二〇元
缺頁或破損的書，請寄回更換

時報文化出版公司成立於一九七五年，
並於一九九九年股票上櫃公開發行，於二〇〇八年脫離中時集團非屬旺中，
以「尊重智慧與創意的文化事業」為信念。

雄霸棒壇：美和棒球五十年 / 美和棒球隊校友會作 . -- 初版 . -- 臺北市：時報文化, 2020.11
面；　公分 . -- (時報悅讀 ; 35)
ISBN 978-957-13-8431-3(平裝)

1. 屏東縣私立美和高級中學棒球隊 2. 棒球 3. 歷史 4. 臺灣

528.9550933　　109016492

ISBN 978-957-13-8431-3
Printed in Taiwan

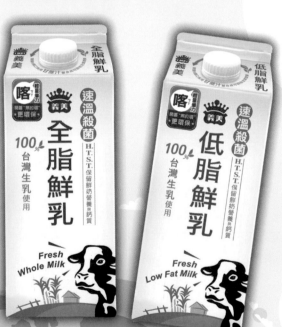

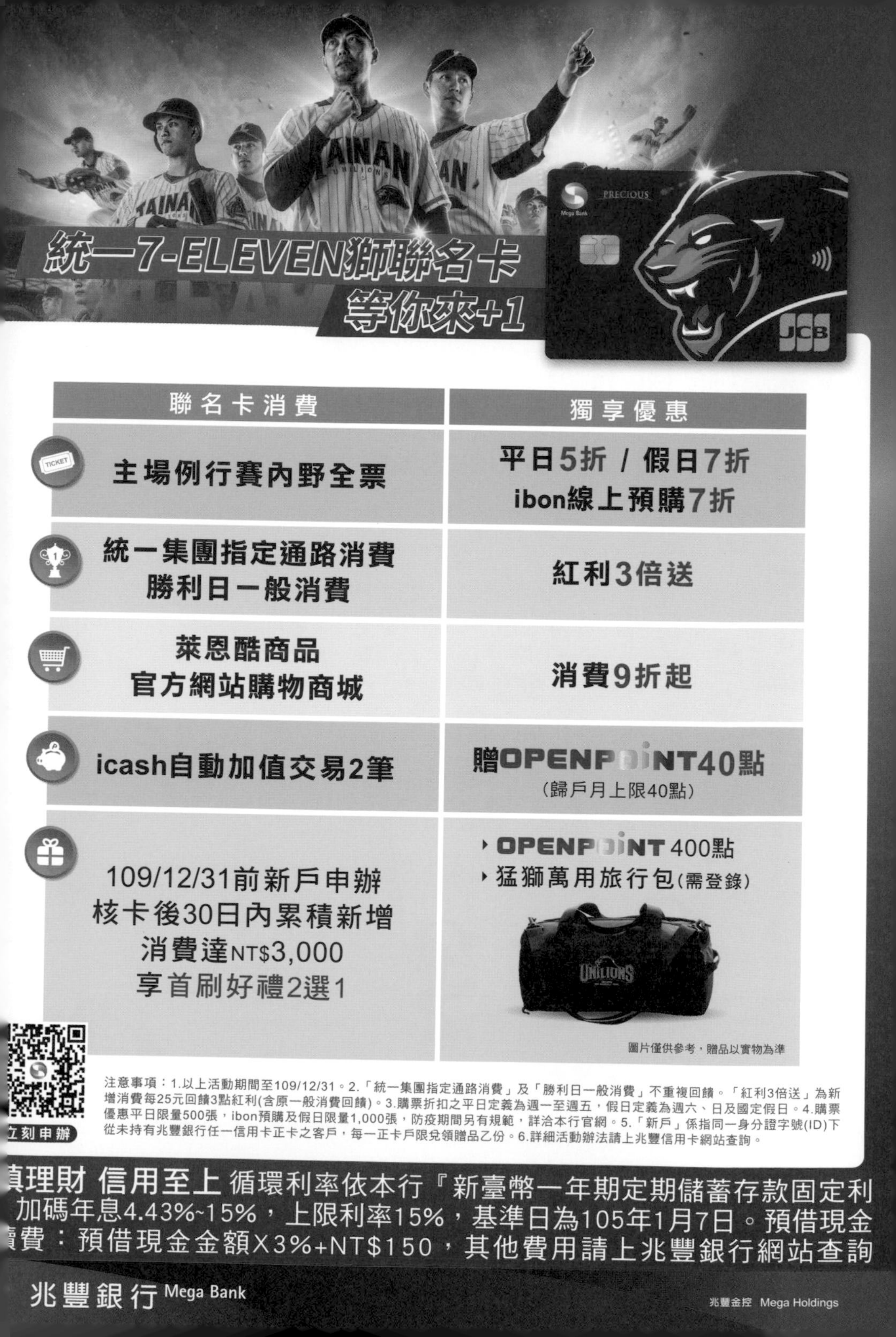
TAINAN
UNI-LIONS
PRECIOUS
Mega Bank
JCB
統一7-ELEVEN獅聯名卡
等你來+1
聯名卡消費
獨享優惠
主場例行賽內野全票
平日5折 / 假日7折
ibon線上預購7折
統一集團指定通路消費
勝利日一般消費
紅利3倍送
萊恩酷商品
官方網站購物商城
消費9折起
icash自動加值交易2筆
贈OPENPOINT40點
(歸戶月上限40點)
109/12/31前新戶申辦
核卡後30日內累積新增
消費達NT$3,000
享首刷好禮2選1
OPENPOINT 400點
猛獅萬用旅行包(需登錄)
UNILIONS
圖片僅供參考，贈品以實物為準
立刻申辦
注意事項：1.以上活動期間至109/12/31。2.「統一集團指定通路消費」及「勝利日一般消費」不重複回饋。「紅利3倍送」為新增消費每25元回饋3點紅利(含原一般消費回饋)。3.購票折扣之平日定義為週一至週五，假日定義為週六、日及國定假日。4.購票優惠平日限量500張，ibon預購及假日限量1,000張，防疫期間另有規範，詳洽本行官網。5.「新戶」係指同一身分證字號(ID)下從未持有兆豐銀行任一信用卡正卡之客戶，每一正卡戶限兌領贈品乙份。6.詳細活動辦法請上兆豐信用卡網站查詢。
慎理財 信用至上 循環利率依本行『新臺幣一年期定期儲蓄存款固定利
加碼年息4.43%~15%，上限利率15%，基準日為105年1月7日。預借現金
續費：預借現金金額X3%+NT$150，其他費用請上兆豐銀行網站查詢
兆豐銀行 Mega Bank
兆豐金控 Mega Holdings

富含黃豆纖維，更濃郁！
義美
高纖全豆豆奶
無加糖
NO SUGAR ADDED
濃·厚·香·醇
330mL
I-MEI HI-FIBER SOY MILK
NO SUGAR ADDED
低糖
LOW SUGAR
I-MEI HI-FIBER SOY MILK
LOW SUGAR
無加糖 低糖
936mL
IMEI 高纖全豆豆奶
I-MEI HI-FIBER SOY MILK
使用特選原裝進口「袋裝食品級·非基因改造」黃豆
優質植物蛋白質及富含膳食纖維｜零膽固醇、不含防腐劑｜營養補給，香醇健康
好食品的供應者 Good Food Provider！
義美食品股份有限公司
總管理處：台北市信義路二段88號10樓 TEL：0800-255-999
http：// www.imeifoods.com